基礎からわかる
社会学研究法

具体例で学ぶ
研究の進めかた

松木洋人
中西泰子
本多真隆
［編著］

Methods of
Sociological Research

ミネルヴァ書房

は じ め に
―本書のねらいと使いかた―

本書のねらい——社会学の研究の進めかたを学ぶためのガイドブック

　社会学に興味をもってある程度は学んできたものの，卒業論文を書くために自分で研究を始める段階になってみると，なにから手をつければいいのかよくわからない。あるいは，とりあえず研究を始めてはみたものの，気がついたら壁にぶつかっていて，どのように研究を進めたらいいのかよくわからなくなってしまった。社会学を学んでいると，こういうことはめずらしくないと思います。この本はそんな状況におかれている人，つまり，社会学の研究の進めかたを学びたいという人のためにつくられた本です。

　社会学という学問は，その研究対象の幅がとても広いですし，研究のために採用される方法もじつにさまざまです。ですので，論文をまだ書いたことがない人，研究を始めたばかりの人にとっては，どのような研究をすれば社会学の研究になり，社会学的な発見を生み出せるのかという具体的な研究の進めかたがつかみづらいと思います。そして，社会学の研究を実践するうえでは，この研究の進めかたについての感覚をつかむことができるかどうかが重要なポイントになります。

　この社会学の研究の進めかたについての感覚をつかもうとする読者の手助けをすることが，本書の目的です。すでに述べたように，社会学の研究はその対象も方法もさまざまですが，それでもおおまかにはいくつかのタイプにわけて理解することができます。本書のねらいは，自分でも社会学の研究を始めることに関心がある人に，社会学にはどのようなタイプの研究があって，どうすればそれらの研究を自分でも実践できるのかを理解してもらうことです。要するに，読者が社会学の研究を始めることを後押しするとともに，社会学的な発見を生み出すまでのプロセスの導き役となるガイドブックとなることを目指しま

した。

　そのために大切にしたのは，読者が研究の具体的なプロセスを疑似的に体験することができるように，それぞれの章が組み立てられていることです。どの章も，あるタイプの研究がどのように始まり，どのようにデータ（資料）の収集を行って，そのデータ（資料）からどのように社会学的な発見を生み出すのかといった特に重要なポイントを押さえながら，研究の手順をおおまかにたどることができるように書かれています。そして，これらの手順の説明は，各章の執筆者自身あるいは他のすぐれた研究者による具体的な研究をできるだけ例にとりながら書かれています。ですので，読者は各章に書かれている研究の進めかたをまねて研究を始めたり，それを参考にして自分の研究をどのように進めていけばよいかを検討したりすることができるようになっているはずです。[1]

本書の構成と想定される使いかた

　このように，本書は社会学の研究の進めかたを学ぶための本です。ですので，日本の社会学でよく行われている研究のタイプをできるだけカヴァーするようにつとめました。その結果として，本書は3部構成になっています。

　まず，第Ⅰ部では，インタビュー調査にもとづく語りの分析（第1章），エスノグラフィー（第2章），地域社会を対象とするフィールドワーク（第3章），会話分析（第4章）が取り上げられています。これらの研究のタイプには，それぞれ特色がありますが，研究対象となる人から話を聞いたり，人々のやりとりを観察したりなど，研究の主題に関わるなんらかの現場（フィールド）に出かけて，そこで他者と出会うことが研究のプロセスにおいてとても大きな意味をもっているところは共通しています。

　それに対して，第Ⅱ部で取り上げられているのは，図書館などで収集した文献資料との対話が軸となるタイプの研究です。社会学では文献資料を用いた多くの研究が行われています。歴史社会学的な研究（第5章）で各種の歴史資料が扱われるのはもちろんのことですが，過去に書かれたものだけではなくより新しいものも研究対象となっている文献資料として，新聞や雑誌の記事（第6

章), 公権力によって正統性を与えられた教科書や白書などの文書 (第7章) が挙げられます。また, 古典的な学説の研究 (第8章) も, 研究者が書き残した文献資料の研究と考えることができます。

最後に第Ⅲ部では, 量的データの統計的分析にもとづく研究を取り上げています。以前は量的データの統計的分析にもとづく研究というと, 自分で調査票を作成して配布・回収することで得られたデータを分析する研究 (第9章) にほとんど限られていました。しかし現在では, 必ずしも自分で調査を実施しなくても, 公的統計の集計結果を活用する研究 (第10章) や公開データの二次分析にもとづく研究 (第11章) が格段に行いやすくなっています。さらには, その結果として, 公開データを利用した国際比較研究 (第12章) も盛んになってきました。

以上のように, 本書では, さまざまなタイプの研究を取り上げています。ですので, 本書の1つの使いかたとして, まずはすべての章を通読し, 自分の関心にふさわしい研究のタイプを見つけるという使いかたが想定されています。たとえば, 夫婦間の育児分担について研究したいといっても, どのタイプの研究を選択するかによって, 夫婦間の育児分担についてなにを探求したり発見したりできるのかは大きく変わってきます。本書を使って, 社会学ではどのような研究ができるのかを学ぶことを通して, 研究テーマにしようとしていることについて自分がなにを知りたいのかを明確化したり, どのような研究を始めるのかを考えたりすることができると思います。

そして, どのような研究を始めたいかが決まったのであれば, それと同じタイプの研究を扱った1つの章を集中的に読むというもう1つの使いかたができます。研究計画を立てているとき, データ (資料) を集めているとき, データ (資料) にもとづいて論文を書いているときなど, 研究の進めかたについて少し立ち止まって考えたいというタイミングで本書を開けば, 同じタイプの研究例から, 自分の研究をよりよいものにするためのヒントが見つかるのではないかと思います。なお, その際には, それぞれの章で研究例として挙げられている書籍や論文, そして章末の文献案内で紹介されている文献にもぜひ手を伸ば

してみてください。限られた紙幅のなかでは，それぞれの研究例の一部を紹介することしかできませんので，これらの書籍や論文を読むことで，本書には書かれていない研究を進めるためのヒントを発見できるかもしれません。

　というわけで，本書は，卒業論文などを書こうとしている人が社会学の研究に自分で取り組むための，そして，その研究をよりよい研究にするための手助けになることを願ってつくられました。研究を始めようと思ったときからその研究にいったん区切りがつくまで，ずっと手元に置いて使っていただけるなら，こんなに嬉しいことはありません。本書を手にとってくださったあなたの研究のプロセスが実り多いものになることを心から祈っています。

松　木　洋　人

注

(1)　なお，具体的な研究例や執筆者自身の経験にもとづく研究の進めかたの説明が有効であることを教えてくれる社会調査の教科書として，以下の3冊があります。本書の企画を立てる際にも，これらの本から多くを学びました。

数理社会学会監修・筒井淳也・神林博史・長松奈美江・渡邉大輔・藤原翔編，2015，『計量社会学入門——社会をデータでよむ』世界思想社。

前田拓也・秋谷直矩・朴沙羅・木下衆編，2016，『最強の社会調査入門——これから質的調査をはじめる人のために』ナカニシヤ出版。

岸政彦・石岡丈昇・丸山里美，2016，『質的社会調査の方法——他者の合理性の理解社会学』有斐閣。

基礎からわかる社会学研究法
―具体例で学ぶ研究の進めかた―

【目次】

はじめに——本書のねらいと使いかた

第Ⅰ部　フィールドに出かける

第Ⅱ部　文書資料を読む

第Ⅲ部　量的データを使う

第Ⅰ部　フィールドに出かける

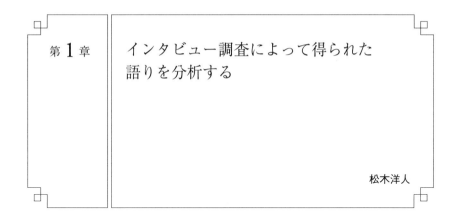

第1章　インタビュー調査によって得られた
　　　　語りを分析する

松木洋人

1　インタビュー調査という方法

インタビュー調査にもとづく研究は簡単なようで難しい

　社会学の研究には，インタビュー調査にもとづくものが多い。社会学者による論文や著書をいくつか読んでみると，研究対象となる人々にインタビューすることによって得られた語りを分析することで成り立っている研究がたくさんあることに気づくだろう。

　しかし，インタビューすることは，社会学の研究だけで行われていることではない。政治家やスポーツ選手などの著名人のインタビューは，TVや新聞の定番のコンテンツである。また，ニュース番組や新聞記事でシングルマザー家庭の貧困といった社会問題が取り上げられる場合には，その当事者であるシングルマザーにインタビューした映像やインタビューで語られた言葉が番組や記事の一部になることが多い。「インタビュー社会」と批判的に表現されることもあるように（Atkinson and Silverman 1997），さまざまな状況でインタビューが行われ，そこで得られる個人の語りに関心が向けられることは現代社会の1つの特徴である。

　つまり，インタビューすること自体は，社会学者のような研究者でなくてもできるし，実際にあちこちで行われている。このことは，参与観察が研究を目

的としなければあまり行われないことや，質問紙調査を適切に実施するために
はかなりの専門知識が必要になることとは対照的である。また，社会学者によ
るインタビュー調査の対象者は，社会的な関心を集めているトピックの当事者
であることが多いので，先ほど例に挙げたニュース番組や新聞記事と同様に，
シングルマザーがインタビューの対象者となることもある。そして，そのよう
な番組や記事も，インタビューにもとづいて，社会についてなんらかの主張を
しているという点では，社会学の研究と共通するところがあるともいえるだろ
う。

　だとすれば，そのような TV 番組や新聞記事と，インタビュー調査にもと
づく社会学の研究とはどこが異なるのだろうか。あるいは，インタビュー調査
にもとづく研究をしようとするとき，いったいどうすればその研究は社会学の
研究として成立するのだろうか。誰かにインタビューをすること自体はそれほ
ど難しくないかもしれないが，この点を理解したうえで研究を実践することは
簡単ではなく，だからこそ挑戦のしがいがある。

どうしてインタビュー調査を選ぶのか

　インタビュー調査にもとづく研究に取り組もうとするときに，まず重要なの
は，インタビューという方法が，自分の研究関心や問題設定に適合しているこ
とである。裏返せば，「社会学にはインタビュー調査にもとづく研究が多いか
ら」とか，「観察や質問紙調査より簡単そうだから」といった理由でこの方法
を選ぶことは避けねばならない。

　たとえば，保育園における保育士と園児のコミュニケーションに関心がある
としよう。保育士にインタビューすることで，園児と関わる際に心がけている
ことや以前に特定の園児と交わした印象的な会話の内容などについて話しても
らうことはできるだろう。他方で，もし保育園にビデオカメラを持ち込むこと
ができれば，保育士が実際に園児たちの前でどのようにふるまっており，園児
たちはその保育士のふるまいにどのように応じているのかを記録することがで
きる。しかし，インタビューによって得られる回顧的な語りでは，このような

コミュニケーションの詳細な様子を把握することはできない。

　あるいは，夫婦の所得格差と育児分担の関係に関心があるとしよう。子育て中の夫婦を対象とした質問紙調査を適切な方法で行って，充分な量的データを収集することができれば，「夫の所得が妻の所得を大きく上回るほど，夫の育児時間は短くなる」といった変数間の関係についての仮説が子育て中の夫婦という母集団に当てはまるか否かを検証することができる。しかし，インタビューによっては，夫婦の所得格差と育児分担の関係が，妻や夫によって個別にどのように捉えられているかを知ることはできても，そのような関係が子育て中の夫婦において実際に広く観察されるかどうかについて説得的な主張をすることは難しい。

　要するに，インタビュー調査という方法が有効かどうかは，研究関心や問題設定のありかたしだいである。したがって，インタビュー調査という方法を選択する以前に，観察や質問紙調査といった他のさまざまなデータ収集の方法と比較しながら，自分の研究関心や問題設定がインタビュー調査という方法にどれくらい適合しているのかが充分に吟味される必要がある。この吟味が不充分なままで研究を進めてしまうと，自分が知りたいことをほとんど知ることができない不本意な研究や，設定した問いに説得的な答えが得られないという致命的な欠点のある研究になりかねない。言い換えれば，自分の研究関心の追求のためにインタビュー調査という方法を用いることが，本当にその持ち味を活かすことにつながるかどうかを吟味することが決定的に重要である。

　それでは，インタビュー調査の持ち味はどういうところにあるのだろうか。実のところ，ひとくちにインタビュー調査といっても，なにをねらいとしてインタビューを行うのか，インタビューで得られた語りからなにを知ることができると考えるのかについてはかなり多様な立場がある（Kvale 2007 = 2016）。とはいえ，多くの社会学的な研究にとって重要なことは，インタビューによって特定のトピックについて詳細かつ広範囲にわたる語りを得ることを通じて（Rapley 2004），社会のなかでなにが起こっているのかを，そのトピックに関係のある個人による実践や経験の理解のありかたとともに把握できるということ

だろう。

　たとえば，子どもに食物アレルギーがある母親たちにインタビューをしていると，食物アレルギー診療の考えかたが変化するなかで，誤食などによってアレルギー反応が現れるリスクから子どもを守るだけではなく，子どもを耐性の獲得に導くために，自宅で段階的にアレルゲンを摂取させる治療に取り組んでいる母親がいることがわかる（松木・大日 2022）。そして，この治療を進めた結果，アレルギー反応が現れていた食べ物を子どもが食べられるようになったときの気持ちを問われたある母親の「まずは保育園で同じものをあげられるっていうのが一番大きかったですかね」という語りからは，子どもが食べられなかったものを食べられるようになったということが，アレルギー反応が現れる心配がなくなるという意味だけではなく，他の子どもと同じものを一緒に食べられるようになるという意味ももっていることがわかる。また，別の母親は，この治療を始める以前に，子どもが重いアレルギー反応を起こして入院した病院の医師に「食べさせてないから，こんなにこの子はアレルギー，重症なんだよ」と言われたことが，「わたし，なにか違うことしてたの？」と気づいたきっかけだと振り返っていた。この語りからは，子どもにアレルゲンを摂取させることで耐性の獲得に導くという医学的知識との出会いが，母親にとっては，それまでの子どもへの関わりかたが問題化される経験であったことがわかる（松木・大日 2022）。

　つまり，特定のトピックについての関心のもとに調査者がインタビューをするとき，対象者による語りには，彼女たちがそのトピックをめぐる自らの実践や経験をどのように理解しているのかが示されている。そして，子どもにアレルゲンを摂取させる治療を母親がどのように理解しているのか，その治療を支える医学的知識との出会いがどのような意味をもったのかは，母親たちに話してもらわなければ知ることが難しい。同時に，彼女たちによる実践や経験の理解を記述することは，食物アレルギー診療の考えかたが変化しつつある日本社会でなにが起こっているのかを明らかにすることにもなる。このように，特定のトピックをめぐって個人がこれまでの人生において実践し経験してきたこと

を，その理解のありかたとともに記述することを通じて，この社会でなにが起こっているのかを明らかにしようとするのであれば，インタビュー調査は有力な選択肢となるだろう。

　以下では，インタビュー調査を選択した場合に，それにもとづく研究を進めるうえでとりわけ重要となるいくつかのポイントについて，調査の設計，インタビューの実施，インタビューで得られた語りの分析という3つの段階ごとに概説していく。

2　インタビュー調査の進めかた

調査を設計する──インタビューを始める前に

　インタビュー調査を設計するうえで主なポイントとなるのは，なにを調査のねらいとするのか，どのような人を調査の対象者とするのか，対象者にどのようなことを話してもらうのかの3点である。そしてこの3点は，それぞれ個別に検討するというよりも，まずは先行研究の検討を進めながら，相互を結びつけて判断するしかない事柄である。

　研究という活動がなんらかの新しい知見を生み出すことを目的とする以上，自分が関心をもったトピックについての先行研究を検討することは，研究を進めるうえでの前提条件である。先行研究を読み進めることを通じて，なにがこれまでの議論では焦点になっており，どういうことがすでに明らかになっていて，なにが検討されずに残されたままなのかが把握できるようになっていく。ここでようやく，自分の調査ではどういうことに注目すればよいのかを検討できるようになる。そして，インタビュー調査が特定のトピックをめぐる対象者の実践や経験について尋ねるものであることを前提とすれば，その注目しようとするトピックをめぐる自らの実践や経験について話すことができる人々がインタビュー対象の候補となる。たとえば，食物アレルギーのある子どもを育てるという実践や経験に注目しようとするのなら，そのような経験をもつ親にまずはインタビューすることが自然な選択である。

　ただし，特定のトピックについて自分の実践や経験を話すことができる人を対象とするだけではなく，より戦略的な対象者の選定が有効になる場合もある。たとえば，小笠原祐子は，家庭内での家事やケアの分担については多くの研究があるにもかかわらず，夫婦間での生計維持の分担についてはあまり調査がされてこなかったことに着目する（小笠原 2005）。そのうえで，小笠原は夫婦がどれくらい生計維持を分担していると考えているのかを検討しようとする。この問題設定のもとでインタビューの対象者とされるのは，妻がパートタイムの仕事に就いているなど，妻の仕事が家計補助や自己実現のためとみなされると予想しうる夫婦ではなく，夫と妻がいずれも学卒後からフルタイムで継続就業している夫婦である。このように対象者を限定したうえで，夫と妻のどちらもフルタイムで働き続けている夫婦であっても，妻の就業が生計を維持するという意味をもっているのか，夫の仕事が妻の仕事より優先されるのかはさまざまであるという知見が導かれている。

　なにを自分の調査のねらいとするのか，そして，どういう人々を対象者の候補とするのかが定まってくると，実際にインタビューへの協力を得る方法を模索しながら，具体的な対象者を念頭に置いて，どのようなことを話してもらいたいのかを検討できるようになる。なお，特定のトピックをめぐる語りの収集と分析にもとづく社会学の研究では，質問することをある程度はあらかじめ決めておいたうえで，どの点についてさらに掘り下げて話してもらうかは，やりとりの展開に応じてその場で判断することが多い。[1]そして，このようなインタビューがどれくらい有意義な機会になるかは，質問することを事前にどれくらい練りこんでおいたかに大きく左右されうる。

　もちろん，対象者になにを質問するかは，その調査のねらいによって変わってくるので，そのねらいが充分に反映されている問いかどうかがまずは重要である。とはいえ，どのようなねらいがあるにせよ，基本的な考えかたは，「ほかならぬその対象者に尋ねる理由があることを尋ねる」ということである。たとえば，食物アレルギーのある子どもをもつ母親にインタビューする際には，食物アレルギーの症状や分類，標準的な診療のありかた，よくある困りごとな

どの事前に調べればわかることは頭に入れておくことが前提となる。その準備をしたうえで，「お子さんに食物アレルギーがあるために，これまで嫌な思いをされたことはありますか。あるとすれば，それはどういうことですか」という質問が特定の母親に向けられるとき，この質問に最も説得力をもって具体的に答えられるのはその母親自身だろう。このときこの質問は，ほかならぬその母親に尋ねる理由のある質問になっている。

　付け加えておきたいのは，子どもに食物アレルギーがあるために親は嫌な思いをすることもあるという誰もがもっているわけではない知識をインタビュアーがもっており，そのうえで自分の個別的な経験に関心を向けていることをこの質問が対象者に示していることである。このような質問を通じて，インタビューの主題に関する知識と対象者への関心を示すことは，一般論や表面的な回答ではなく，自身の実践や経験についての具体的で詳細な語りを対象者から得るための1つの方法である。[(2)]

インタビューを実施する──語りを収集しながら焦点を定める

　対象者からインタビューへの協力が得られることになり，事前の準備が整ったら，インタビューを実施する段階に入る。[(3)]ラプリーがいうように，インタビューの場におけるインタビュアーのふるまいについては，中立性やラポールという言葉でその理想がしばしば表現される（Rapley 2004）。つまり，誘導的な質問によって対象者の語りにバイアスがかかることが懸念されるとともに，対象者からの信頼を得て，安心して話してもらうことが重視される。とはいえ，インタビューの場を設定したうえで，質問や沈黙やあいづちなどを通じて対象者の語りを方向づけることによってインタビューをコントロールするのがインタビュアーである以上，通常の意味で中立的であることは不可能である。また，このようにインタビューでの会話は日常会話とは異なるが，質問したりそれに答えたりするという日常的な実践に依拠してもいるために，こと細かな技術の訓練を必要とするわけではない。だからこそ，インタビュアーは，自分の質問が誘導的ではないかとか，充分に共感を示しているかと心配しすぎずに，ただ

インタビュー対象者とやりとりし続けるべきであることをラプリーは強調している（Rapley 2004）。

　そのやりとりを続けるための方法の1つがフォローアップ質問である。たとえば，子どもが牛乳などにアレルギーをもつある母親は，子どもが食物アレルギーに罹患したことによる生活の変化について問われて，人づきあいが怖くなったと答えたうえで，友だちの家族と集まったときに，牛乳を含む食品にふれた手で子どもにふれられることが怖くてピリピリしたという経験を振り返った。その語りを聞いた筆者は，「お友だちとかにおっしゃってたんですか」と子どもに食物アレルギーがあることを友人に伝えていたのかという質問をしている。このように，対象者の語りを踏まえて，それに関連する質問をすることで，対象者の語りに関心をもって理解しようとしていると示すことができるとともに，調査者が掘り下げたいトピックについて長く話す機会を対象者に提供できる（Rapley 2004）。実際，筆者のこの質問を受けて，母親は子どものアレルギーについて伝えることも含めた友人たちと会うときの準備へと語りを展開していく。このような語りには，インタビュアーが質問しなければ語られることがなかったかもしれない対象者による実践と経験の理解が含まれている。

　そして，1つずつインタビューを重ねるごとに，得られた語りがどのような発見をもたらすのかを検討するなかで，調査のねらいは洗練され，研究の焦点が定まってくる。たとえば，筆者らが実施した子どもに食物アレルギーがある母親へのインタビュー調査は，日本社会で食物アレルギーのある子どもを育てる経験とはどのようなものかを明らかにするというごく大まかなねらいとともに始まった。しかし，最初の数名のインタビューを経て，アレルゲンを子どもに摂取させる治療が母親にとって大きな意味をもつことがあるにもかかわらず，先行研究ではこのことが注目されていないと気づいた。そこでその後は，この治療について必ず対象者に質問し，回答を掘り下げるようにするとともに，予定されていた対象者へのインタビューを終えてからも，これに取り組んだ経験を語ることのできる対象者に追加的にインタビューした。

　このように，データを収集しながら，調査の設計を修正しつつ，研究の焦点

を定めていくプロセスが進行していくと浮上するのが，データの分析に集中する段階にどのタイミングで移行するのかという問題である。何人くらいの人にインタビューすればよいのかというこの問題への1つの標準的な答えは，「飽和」と呼ばれる状態が目標だというものである（Small 2009；Compton 2018）。インタビューをさらに続けてももう新たな発見は得られないという状態までインタビューを続けるべきだというこの考えかたは，「飽和」という用語が質的データから理論を生み出す方法について論じたグレイザーとストラウスの「理論的飽和」に由来することからもわかるように（Glaser and Strauss 1967＝1996），一般的な説明力をそなえた知見を提示しようとするときには重要となる。他方で，子どもにアレルゲンを摂取させることで耐性の獲得に導くという医学的知識との出会いが，新しい実践や経験の論理的な可能性を母親にもたらすことを例証するというように（松木・大日 2022），さまざまなパターンを網羅して，知見の一般性を主張するのでなければ，飽和という基準でインタビューの数を評価する必要はない。要するに，飽和を重視する論者も述べているように⁽⁴⁾（Small 2009；Compton 2018），何人くらいへのインタビューが必要なのかは，問いの立てかたや研究のねらいしだいであり，自分で立てた問いに説得的に答えられるデータがすでに手元にあるのかを吟味することが重要なのである。

3　語りから知見を生み出す

分析の視点を援用する

　インタビュー調査にもとづく研究が社会学の研究として成立するかどうかは，収集された語りをどのように分析するのかに左右されるところが大きい。しかし，インタビュー調査という方法は，人々による語りを収集する方法ではあっても，それをどのように分析すればよいのかについては直接的にはなにも教えてくれない。そして，対象者からどんなに興味深い語りが得られたとしても，それを要約して羅列するだけでは分析にはならない。他方で，データにもとづく研究である以上，分析は研究者による想像ではなく，データに確かに根拠づ

けられていなければならない。それでは，語りを分析するとはどのような営み
なのだろうか。この問いにどう答えるのかにはさまざまな立場があり，また，
どんな場合にも正しい唯一の分析方法があるわけではないが（Roulston 2014），
以下では2つの研究例を題材として，語りの分析に取り組むうえでの手がかり
を提供したい。

　1つめの手がかりは，自分の研究対象の特徴を明らかにするためには，他の
社会学的な研究から分析の視点を援用することが有効な場合があるということ
である。子どもに食物アレルギーがある母親たちへのインタビュー調査にもと
づく筆者らの研究をもう一度，例にとろう（松木・大日 2022）。先述したように，
インタビューを重ねるなかで，先行研究がアレルゲンを子どもに摂取させる治
療に注目していないと気づいたことで，研究の焦点が定まった。しかし，この
気づきは，母親たちの語りのトピックが多岐にわたるなかで，この治療をめぐ
る語りを集中的に検討するきっかけにはなっても，治療をめぐる語りからどの
ような知見を生み出せばよいのかを教えてくれるわけではない。

　この点について模索するなかで1つの糸口となったのが，ある母親による語
りである。彼女の4歳になる息子は生後6ヶ月のころに卵アレルギーだという
診断を受けた。そして，9ヶ月ごろから通っている病院は，薬を飲んでアレル
ギーを治すというかなり標準的ではない治療方針をとっており，子どもに卵を
食べさせることも禁じていた。しかし，最近になって，職場で「ちょっとでも
（アレルゲンを）体に入れないと今は駄目なんだよ」と聞いた彼女は，別の病院
にも通いながら，卵を食べさせる治療に取り組むようになる。彼女は卵を食べ
た子どもがアナフィラキシーを起こすなど，治療が必ずしも順調に進んでいな
いことの苦しさを語った後に，「ずっと今までの先生のところ行ってたし。わ
たしの責任もあるんかなとか，それまでに（卵を）あげてないことの。……わ
たしがもうちょっとちっちゃいときから少しでもあげてたらまた違ったんかな
とか思いながら」と述べることによって，その苦しみが子どものアレルギー症
状や卵の摂取量が順調に増えないことだけではなく，自分が治療を始めるのが
遅かったことがそのような結果を招いているのではないかという後悔や自責に

も由来していると説明していた。

　子どもを治療するための医学的知識と出会うことで母親が苦しむこともあるというここで語られている経験の皮肉さは，インタビューの時点から非常に印象的で，自宅でアレルゲンを摂取させる治療に筆者が注目するきっかけの1つにもなった。しかし，後になって文字化された語りに目を通したときに興味をひかれたのは，この治療について知ることによって，彼女の子育てをめぐる経験と実践の理解が一変したということであった。そして，この興味から連想されたのが，常染色体優性多発性囊胞腎（ADPKD）という遺伝性疾患の患者へのインタビュー調査にもとづく前田泰樹と西村ユミの研究である（前田・西村2018）。前田と西村は，この疾患についての新しい医学的知識が「新しい経験や行為の可能性」を産出すると指摘している（前田・西村 2018：67）。たとえば，ある患者の母親は，おそらく娘と同じ疾患をもっていたが，自分の疾患が遺伝性であるとは知らないままに亡くなったという。しかし，その患者自身は医師から疾患が遺伝性であり，「40までで透析入る」と説明されており，この説明は母親が透析を始めて2年で亡くなったことと結びつけられることによって，その患者に「私の人生もう42で終わり」という理解をもたらしている（前田・西村 2018：52-53）。他方で，この疾患が遺伝性であるという知識を入手できたからこそ，この患者は自分の体に生じたトラブルやそれに対処した経験を同じ疾患を生きる娘に伝えていくこともできるようになったのである。

　重要なのは，前田と西村による研究の助けを借りることによって，さきほどの母親の後悔や自責を，ある病いについての医学的知識が，その病いをめぐる経験や実践をどのように理解できるかという可能性自体を変えることの一例として捉えられるようになったことである。そして，このような捉えかたができるようになると，この後悔や自責が子どもにアレルゲンを摂取させる治療を知ることがなければ論理的に不可能な経験であるのと同じように，この医学的知識と出会うことで可能になったさまざまな新しい種類の経験と実践が他の母親たちによっても語られていると気づくことができるようになった。つまり，新たに浸透しつつある医学的知識との出会いが新しい経験と実践の可能性をもた

らすという分析の視点を得たことによって，この視点と関連するさまざまな語りの理解が明確化するとともに，それらの語りの共通性とヴァリエーションを一望できるようになったのである。

　この共通性とヴァリエーションを把握した段階で判断すべきことは，どの対象者による語りのどの部分に焦点をあてて，その語りの分析をどういう順番で論文内に配置するかである。筆者らによる論文では，3名の母親による語りを検討した。具体的には，子どもにアレルゲンを含む食物を食べさせることによって寛解に導いたという語りの後に，自分が食べさせることで子どもがアレルギー症状を発症することの恐怖についての語り，最後にアレルゲンを含む食物を子どもに食べさせないという方針を続けるかどうかという逡巡の語りをそれぞれ検討している。この選択は，まず，この治療が子どもを順調に寛解に導くものとして経験されている母親とそうではない母親の両方を検討するという判断，そして，治療が順調に進まないなかで困難が経験されるのみならず，治療を本格的に開始する以前から葛藤を含んだ新しい種類の経験が生じることを指摘するという判断にもとづいている。もちろん，この選択に唯一の正解があるわけではないが，紙幅の余裕も考慮しながら，手元にあるデータにもとづいて組み立てられるストーリーのうち，どのストーリーを実際に語るのかを選択せねばならない。

　ここで2つ付け加えておくと，第1に，筆者らの研究は，前田と西村による分析の視点を援用することで論文として成立させることができたが，前田と西村の研究は食物アレルギーのある子どもの子育てという筆者らの研究のトピックと必ずしも直接的に関連する研究ではない。つまり，自分の研究を進めるうえで助けとなる分析の視点は，自分の研究と同じトピックを対象とする先行研究から学べるとは限らないのである。むしろ，そのトピックが自分の関心と離れていても，優れた語りの分析を含む研究に数多くふれて引き出しを増やすことが，自分の分析を助けてくれるかもしれない。第2に，分析の視点の援用は，他の研究者の知見をコピーすることとは異なる。子どもにアレルゲンを摂取させる治療についての知識が母親にもたらす新しい実践や経験は，当然，

ADPKD についての新しい医学的知識がもたらす実践や経験とはさまざまに異なっており，これを記述することは，食物アレルギーをめぐる実践と経験の特徴を記述することにほかならない。このような対象の特徴の把握は，インタビュー調査にもとづく研究の多くがねらいとするところだろう。

語りにおける記述の組み立てに目を向ける

　もう1つの手がかりは，語りにおける記述の組み立てに目を向けることである。語りと向き合ってなんらかの発見をしようとするときに，われわれがたいてい目を向けるのは，その語りでなにが話されているのかという語りの内容である。しかし，インタビューにおける語りを行為として捉えるならば，語りにおける記述が語り手によってどのように組み立てられているのかを分析の対象とすることもできる。これまでに取り上げてきた研究とはトピックが大きく異なるが，超常的な経験についての報告を分析したウーフィットによる研究を例にとろう。ウーフィットは，プロの霊媒師による以下のような語りの断片を分析している（Wooffitt 1992：73＝1998：106）。

　　エディンバラに住んでいたころ（.）居間に入るたびに（.3）エエー（.7）窓のすぐそばで（.3）そしていつも同じ場所ですばらしい（.3）音が聞こえるのでしたデ↑デ↓デデ↑デデデ↓デデダーという感じの本当に楽しそうな（.）かすかな調べです（.5）そしてもちろん私は窓を引きはがし窓枠を引きはがして調べました　もうあらゆることをやりました　その音の原因を突き止めようとね　だってほかの誰もその音を聞いてないんですから（.2）いいですか（.）その部屋に人が10人もいても私にしかその音が聞こえないんですよ（.7）エエーそれで知りたかったんです（.）その物理的な原因をね⁽⁵⁾

　この語りが超常的な経験とそれに対する自分の反応についての報告の一部であることはおそらく多くの人が容易に理解できるだろうが，ウーフィットはこ

の語りにおける記述の組み立てられかたを詳細に分析している。ウーフィット
が注目するのは，語り手の経験や実践のどのような性質がどのような語彙を用
いて記述されているかということである。たとえば，「すばらしい」「楽しそう
な」「調べ（tune）」というように，この音についての最初の一連の記述ではそ
の肯定的な性質が描写される一方で，居間で原因不明の音がするという現象の
不可解さには言及されていない。そして，このように不可解な現象のすべてを
ただちに超常的な原因へと帰属せずに記述することは，自分の推論が正常であ
ると聞き手に示すという超常的な経験の語り手にとっては重要な課題を解くた
めの指し手になっている。同様のことは，音の原因を突き止めようするふるま
いの記述についても指摘できる。不可解な音がしたときに原因を探そうとした
だけではなく，「そしてもちろん」というように当然の反応として，「あらゆる
ことをやりました」というように徹底的に，しかも音がした場所から物理的に
近い窓を探したという記述は，その音が超常的なものだと決めつけるのではな
く，物理的な原因があるはずだと考えたことを聞き手に示している。ここには
同様の状況に置かれた者が一般にとるだろうふるまいについての規範的期待へ
の指向をみてとることができる。

　さらにウーフィットが目を向けているのは，語りにおける記述がどのように
連なっているのかということである。もし部屋に10人いてもその音が聞こえる
のは自分だけだという仮定を用いて現象の超常的な性質を主張する記述は，そ
の前に位置する音についての記述とその原因を究明するふるまいの記述とのつ
じつまが合っていないことの解決になっているとウーフィットは指摘する。つ
まり，音が楽しそうなものと記述されているにもかかわらず，それに対する原
因の究明は緊急で徹底的なものであったと強調されていることのつじつまの合
わなさを踏まえれば，その後に「だって」と切り出されるこの仮定は，語り手
の反応の緊急性や徹底性を説明するはたらきをしていることがわかる。他方で，
このように音の超常的な性質に焦点を当てることによって，今度は，自分がそ
の現象を通常のものとみなしていたと示すという当初の語りの軌跡からは脱線
することになる。「物理的な原因」を知りたかったという引用の最後にある記

述は，音の原因は物質的なものだという理解をあらためて強調することによって，この当初の語りの軌跡に戻るというはたらきをしている。このように，語り手は自分の語りがどのように理解されるかをそのつど分析しながら，その分析にもとづいて，後続する記述を産出しているのである。

　以上のようなウーフィットの分析は，この語りの語り手が，超常的な経験についての規範を気にかけつつ，つまり，自分の報告が共感をもって聞かれない可能性に向き合いつつ，自分を「ふつうの人」として特徴づけながら（Sacks 1984），超常的な経験を報告していることを明らかにしている。確認しておきたいのは，このように行為としての語りにおける記述の組み立てられかたを解きほぐすことによって，「超常的な経験とそれに対する自分の反応の報告」というよりもずっと精緻なこの語りについての理解に到達できるということである。それは語り手が語りにおいてなにをしているのか，インタビューの主題をめぐってどのようなことが語り手にとって重要なのかについての理解が深まるということにほかならない。そして，どのような視点を用いて語りを分析しようとするにせよ，その分析が語り自体の分析であろうとする限り，このように語りをより精緻に理解することは根本的な意義をもっているはずである。[6] この意味で，語りでなにが話されているのかだけではなく，語りにおける記述の用法や連なりかたに目を向けることは，個別の語りに対する理解を精緻化することを通じて，語りから知見を生み出す助けとなりうる。

4　インタビュー調査にもとづく社会学研究を実践するために

　最初に述べたように，インタビューすることや，インタビューにもとづいて社会についてなんらかの主張をすることは，社会学者のような研究者でなくてもできるし，実際にしばしば行われている。本章では，このインタビュー調査にもとづく研究を社会学の研究として成立させるうえで重要なポイントについて，調査の設計，インタビューの実施，語りの分析という3つの段階ごとに概説してきた。特に語りの分析がどのようになされるかが，その研究が社会学の

研究として成立するかを大きく左右する。

　インタビュー調査にもとづく研究は職人芸だと言われることがある（Kvale 2007 = 2016）。その意味で，自分自身が経験を積むことによってスキルを磨いていくことも不可欠だろう。しかし同時に，職人芸であるからこそ，学習のさまざまな段階において，どのようなスキルをどのように磨くべきかについて教わることも必要なはずである。本章では，特に職人芸であるとされやすい語りの分析について，分析のための視点の援用と語りにおける記述の組み立てへの注目という手がかりを挙げた。つまり，援用できる分析の視点という自分の引き出しを増やすことや，語りにおける記述の組み立てられかたを解きほぐす力を養うことは，インタビュー調査にもとづく研究のスキルを磨くための道筋である。そして，それは語りの要約や羅列にとどまらず，しかし語りに根拠づけられた社会学的知見を生み出すスキルを磨くための道筋にほかならない。

📖 文献案内

①工藤保則・寺岡伸悟・宮垣元編，2022，『質的調査の方法〔第3版〕──都市・文化・メディアの感じ方』法律文化社。

　　第6章「インタビュー法」（圓田浩二）と第7章「ライフストーリー法」（小林多寿子）は，本章と同じく，自身の調査経験も題材にしながら，インタビュー調査にもとづく研究を実践するうえでのコツを伝えている。本章とあわせて，自分の研究の進めかたを検討する際の参考にしてほしい。

②小林多寿子編，2010，『ライフストーリー・ガイドブック──ひとがひとに会うために』嵯峨野書院。

　　数多くのライフストーリー（人生の物語）とそれにもとづく研究成果についての解説が収められている。インタビュー調査から得られた語りを分析した研究も多数取り上げられているので，興味をひかれた研究を手にとって，自分にとってのお手本となる研究を見つけてもらいたい。

③小宮友根，2020，「ウーマンリブ・三里塚闘争・有機農業」『思想』1152：103-121。

　　著者はこの論文で，1人の女性へのインタビューから得られた語りを詳細に分析している。その分析は非常に鮮やかで，記述の組み立てに目を向けることによって語りを精緻に理解することが，語り手の人生を精緻に理解することでも

あると教えてくれる。

注

⑴　このようなインタビューは半構造化インタビューと呼ばれる。すべての対象者に事前に決められた質問だけを同じ順番や言い回しで尋ねる構造化インタビューと，質問することをあらかじめ決めずに行われる非構造化インタビューとの中間的な位置づけである。

⑵　とはいえ，対象者の具体的で詳細な語りは，インタビュアーによる質問だけによって得られるものではなく，事前に用意した質問では想定されていないトピックについて詳細なエピソードが語られることもある。そして，このような想定外の語りによって対象者にとってなにが重要な意味をもっているのかを把握できることもインタビュー調査の持ち味である。とすれば，インタビューを始める際に，必ずしも質問に答えるだけではなく，自身にとって大事なことを自由に話してもらいたいと対象者にリクエストしておくことも有効だろう。

⑶　この事前の準備には，インタビューを録音した音声データやそれを書き起こした文字データの研究上の利用のしかた，個人情報の管理やプライバシー保護の方法などについて方針を決めておくことも含まれる。そして，この方針は，調査の目的とあわせて，インタビューを始める前に対象者に充分に説明し，了解を得ておく必要がある（日本社会学会 2006）。

⑷　とはいえ，このような研究にとっても，インタビューの数を重ねることは，個別の対象者による実践や経験の位置づけを把握するうえで重要な意味をもつことが多いだろう。

⑸　カッコ内の数字は10分の1秒単位で発話の休止を，カッコ内に点だけがあるものは0.2秒未満の休止を示している。また，矢印の上下はその直後におけるイントネーションの上昇や下降を意味する。なお，原著も訳書もさらにいくつかの記号を用いて語り手のイントネーションや呼吸などを表現しているが，分析の説明に影響のない範囲で省略した。

⑹　したがって，ウーフィットの分析が由来するエスノメソドロジーという社会学研究の方針が蓄積してきた知見は，さまざまな立場から語りを分析する者にとっても活用可能だろう。

文献

Atkinson, Paul and David Silverman, 1997, "Kundera's Immortality : The Interview Society and the Invention of the Self," *Qualitative Inquiry*, 3(3) : 304-325.

Compton, D'Lane R., 2018, "How Many (Queer) Cases Do I Need? Thinking Through Research Design," D'Lane R. Compton, Tey Meadow and Kristen Schilt eds., *Other, Please Specify*, University of California Press, 185-200.

Glaser, Barney G. and Anselm L. Strauss, 1967, *The Discovery of Grounded Theory : Strategies for Qualitative Research*, Aldine Publishing Company.（後藤隆・大出春江・水野節夫訳，1996，『データ対話型理論の発見――調査からいかに理論をうみだすか』新曜社。）

Kvale, Steinar, 2007, *Doing Interviews*, Sage.（能智正博・徳田治子訳，2016，『質的研究のための「インター・ビュー」』新曜社。）

前田泰樹・西村ユミ，2018，『遺伝学の知識と病いの語り――遺伝性疾患をこえて生きる』ナカニシヤ出版。

松木洋人・大日義晴，2022，「食物アレルギーのある子どもの子育てにおける道徳性の二重化――「食べて治す」という医学的知識は母親に何をもたらすのか」『保健医療社会学論集』32(2)：90-100。

日本社会学会，2006，「日本社会学会倫理綱領にもとづく研究指針」（https://jss-sociology.org/about/researchpolicy/）。

小笠原祐子，2005，「有償労働の意味――共働き夫婦の生計維持分担意識の分析」『社会学評論』56(1)：165-181。

Rapley, Tim, 2004, "Interviews," Clive Seale, Giampietro Gobo, Jaber F. Gubrium, and David Silverman eds., *Qualitative Research Practice*, Sage, 15-33.

Roulston, Kathryn, 2014, "Analysing Interviews," Uwe Flick ed., *The SAGE Handbook of Qualitative Data Analysis*, Sage, 297-313.

Sacks, Harvey, 1984, "On Doing 'Being Ordinary'," J. Maxwell Atkinson and John Heritage eds., *Structures of Social Action : Studies in Conversation Analysis*, Cambridge University Press, 413-429.

Small, Mario Luis, 2009, "'How Many Cases Do I Need?' : On Science and the Logic of Case Selection in Field-Based Research," *Ethnography*, 10(1): 5-38.

Wooffitt, Robin, 1992, *Telling of Tales of the Unexpected : The Organization of Factual Discourse*, Harvester Wheatsheaf.（大橋靖史・山田詩津夫訳，1998，『人は不思議な体験をどう語るか――体験記憶のサイエンス』大修館書店。）

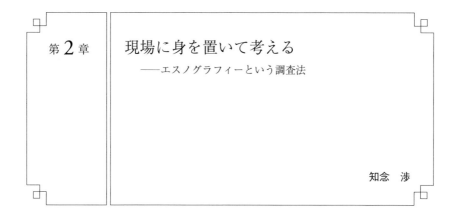

第2章

現場に身を置いて考える
——エスノグラフィーという調査法

知念　渉

1　エスノグラフィーとはなにか

エスノグラフィー

　わたしは〈ヤンチャな子ら〉と呼ばれる男子高校生たちの生活を調査し，『〈ヤンチャな子ら〉のエスノグラフィー——ヤンキーの生活世界を描き出す』（知念 2018）という本にまとめた。実際に高校に通って彼らと一緒に授業を受け，昼食を食べ，放課後を過ごす。そうすることで彼らがどんな人生を送ってこの高校にたどり着いたのか，教師や親とどのような関係を築いているのか，彼らがどのようにして仕事を選んでいくのか，そういったことを調べて本にした。本章で紹介したいのは，現場に身を置き，調査対象となる人々と時間をともに過ごすなかで見聞きした情報（データ）をまとめて文章にする方法である。

　このような調査法をエスノグラフィーという。エスノグラフィーは，「ギリシア語の『（異なった）民族（ethnos）』と『描く・描く（gràphein）』を基にした造語」（小田 2010：8）である。一言でいってしまえば異なる民族の社会・文化を描く方法のことだが，その方法で書かれた著作物を意味する場合もある。たとえば，『〈ヤンチャな子ら〉のエスノグラフィー』というのは，〈ヤンチャな子ら〉と呼ばれる少年たち（より一般的に言えばヤンキー）の生活を，エスノグラフィー（方法）によって描いたエスノグラフィー（著作物）という意味である。[1]

　エスノグラフィーという方法は，シンプルに思える。調査をしたい人々が集まる場に実際に行って，その人たちの生活ぶりを見たり聞いたりして，それをまとめればいいのだから。しかし実際にやってみると，なかなか大変だ。本章では，できるだけわたしの具体的な経験を織り交ぜつつ，エスノグラフィーという調査法による論文の書きかたを説明しよう。

参与観察

　エスノグラフィーにおいて中心的な活動になるのが，参与観察である。参与観察とは participant observation の訳語で，要するに「参加（participant）」と「観察（observation）」を組み合わせた言葉だ。人々の活動に「参加」しながら「観察」する，つまり，調べたい場に行ってみろ，調べたいことをやってみろというわけである。

　しかし，調査対象にもよるが「参加」と「観察」を両立させることはなかなか難しい。たとえばわたしの場合，調査の場は公立高校だった。20歳代半ばの大学院生が教室で高校生とともに授業を受ける。「先生？」と生徒たちに聞かれ，わたしは「先生じゃない」と答える。その時点で高校生たちにとってわたしはよくわからない存在である。もちろん，調査対象によっては「参加」と「観察」の両立がそれほど難しくないこともあるかもしれないが，いずれにせよ参加している間も「観察」を意識してしまうから，完全な参加者にはなりえない。そのため，参与観察は（少なくとも初期の段階では）居心地の悪い活動である。この居心地の悪さは人見知りといった個人の性格的な問題とは別に，調査方法に由来するものである。

調査のプロセス

　質問紙調査やインタビュー調査と対比したときのエスノグラフィーの特徴の1つは，調査の進捗に伴う各段階における作業の境界があいまいなところである。佐藤（2015：71）は，エスノグラフィーのように現地に滞在して少しずつデータを集めていく調査の進めかたを「漸次構造化アプローチ」と呼んでいる。

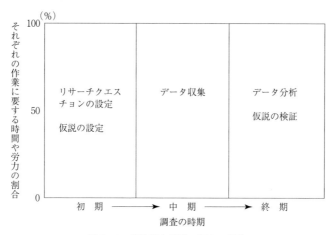

図2-1　各時期完結型の調査の経緯

出典：佐藤（2015：70）より作成。

　調査の進めかたは一般に図2-1のようにイメージされる。すなわち，①リサーチクエスチョンと仮説を設定し，②それを検証するためのデータを収集し，③データを分析するというイメージである。調査のチャンスが1回きりの場合には，このイメージとある程度合致する。チャンスが1回きりだと，調査を実施する前に問いや仮説を十分に検討しなければならないし，仮にデータの収集に多少失敗したとしても，そのデータを使って分析や検証をしなければならないからだ。たとえば，質問紙調査の場合には1回の調査を行うだけでも莫大なコストがかかる。インタビュー調査でも，何度も同じ人に同じ話を聞くことはできない。チャンスが1回きりの調査の場合，失敗しても再調査を行うことが難しいため，研究の成否はデータを収集する前の準備をどれだけ丁寧にできるかにかかっていると言っても過言ではない。

　それに対してエスノグラフィーの場合には，現地を何度も訪問するか，現地に滞在するかして調査が進められる。現地に1回行っただけのデータで論文を書くことはできないし，すべきでもない。わたしの場合には2年間で50回ほど調査対象の学校に通った。学校は夏休みや冬休み期間を除くとだいたい年間30週なので，およそ週1回の頻度である。先述した質問紙調査やインタビュー調

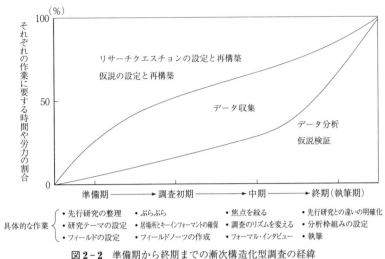

図 2 - 2　準備期から終期までの漸次構造化型調査の経緯

出典：佐藤（2015：72）を参考に筆者作成。

査に比べると，調査の回数は圧倒的に多い。そして，繰り返し現地を訪れるエスノグラフィーでは，図 2 - 1 で 3 つにわかれていた作業が同時に進められる（図 2 - 2）。もちろん，先行研究を読んで問いや仮説をゆるやかに定めておく必要はあるが，それらを洗練させるのはフィールドに入った後でもよい。また調査中に事前に考えていた問いや仮説が的外れだと気づいたら，問いや仮説を再構築すればよい。ある程度の回数フィールドに通った時点で，いったんデータを分析してみて，足りないデータがなにかを確認することもできる。このようにして，3 つの作業を同時並行的に進めていくのがエスノグラフィーの特徴であり，「漸次構造化アプローチ」と呼ばれるゆえんである。

　もう少し具体的に考えてみよう。卒業論文や修士論文を念頭におくと，多くの人に与えられた期間は，およそ 2 年だろう。エスノグラフィーを書くなら，少なくとも 1 年くらいは調査に集中できる期間がほしい（図 2 - 2 でいうなら初期 + 中期）。論文にまとめる期間（図 2 - 2 でいう終期）は，3 ヶ月から半年くらい必要だろう。そうなると，はじめの半年でフィールドを決めるのが望ましい。以上を整理すると，おおよそのスケジュールは次のようになる。4 月から先行

研究を集めて自分の取り組みたいテーマや問いを考える。夏休みが明けて秋になると，実際にフィールドを決めて調査を始める。そして1年くらい調査に集中した後，2年目の秋頃からは論文執筆に力を入れる。これをおおよそのスケジュールとして，それぞれの段階でわたしがどのように調査・執筆に取り組んだのかを紹介しよう。

2　フィールドワークの実際
―準備期から中期―

準備期

先行研究を読む

エスノグラフィーを始めるためには，調査するフィールドを決めなければならない。フィールドを選択する際に重要になるのが，先行研究を読むことである。たとえば，わたしが高校で〈ヤンチャな子ら〉の調査をしたのは，2009年から2010年にかけてだった。「子どもの貧困」が社会的に注目されはじめたころで，わたしは貧困状態にある子ども・若者がどのように学校生活を送っているのかを明らかにしようとした。そのときに念頭にあったのが，『ハマータウンの〈野郎ども〉』（Willis 1977＝1996）である。『ハマータウンの〈野郎ども〉』は，ウィリスが1970年代にイギリスの公立中学校で行ったエスノグラフィーをもとに書いた社会学の古典である。ウィリスは次のように問う。なぜ労働者階級の子どもたちは自ら進んで労働者階級の仕事を選びとっていくのだろうか。肉体労働は，身体的にきついし，給料が高いわけでもない。そのうえ不安定だ。だからできれば肉体労働は避けたいと思うはずだし，そのために学校で「落ちこぼれ」にならないように勉強を頑張ろうとするはず。にもかかわらず，労働者階級の子どもたちは自ら進んで「落ちこぼれ」になり，肉体労働を選びとっていく。そこでウィリスはイギリスの中学校でエスノグラフィーを行い，労働者階級の少年たち（〈野郎ども〉）と一緒に過ごすことで，彼らがどのように学校生活を送り，どのように職を選びとっていくのかを丁寧に描いた。『ハ

マータウンの〈野郎ども〉』を読むと，少年たちの考えかたや価値観，習慣がどのようなものであるか，彼らの視点からみたときになぜ彼らが肉体労働を選びとっていくのかがよくわかる。

　この本を読んだとき，現代日本にも〈野郎ども〉のような若者たちはいるはずだとわたしは思った。言いかえれば，子ども・若者の貧困研究で描かれている貧困者の生活では資源の不足が強調されていて，そうした側面があるには違いないだろうが，当事者の視点から眺めてみると違った現実が見えてくるはずだ。修士論文のテーマを決める際に考えていたのは，そんなことだった。

　このように，フィールドを選ぶ際には，自分の問題関心がどのようなものであり，それが社会学的な研究の文脈でどのように論じられてきたのかを知る必要がある。まずは先行研究を読んで自分の問題関心を社会学的な問いにしてみよう。

フィールドを探す

　研究のテーマやイメージが具体的になったら，実際に調査を受け入れてくれるフィールドを探す必要がある。わたしの場合には，研究者と学校現場の教師が集う研究会に参加して出会ったX高校の校長先生に調査のねらいを伝えて，秋ごろにフィールドワークを開始した。[2]

　フィールドがどのような場であったとしても，調査をする目的や趣旨をきちんと説明してからフィールドに入ることが重要だ。[3] また，調査先には定期的に通うことになるわけだから，調査に投入できる時間的・経済的資源や，アクセスのしやすさ（物理的な距離，交通の便）も現実的には大切だろう。これらを総合的に考慮してフィールドを決めないと，調査が途中で頓挫することになりかねない。

調査初期

事前準備

　フィールドが決まったら，持ち物を準備しよう。フィールドで最低限必要に

なるのは，ペン，ポケットに入るサイズのメモ帳，ICレコーダー，カメラである。フィールドによっては，スマホだけでいいかもしれない。身なりにも気をつけたほうがよい。フィールド先で求められる役割を考えて服装を決めよう。私の場合には，学校に馴染む服装（Tシャツやスーツではなく，シャツにチノパン）を心がけていた。

「ぶらぶら」する

フィールドワークの初期で重要なのは，「ぶらぶら」してフィールドの全体像を把握することだ（丸山 2016）。すでに先行研究で情報を収集し，なにを見たいかが決まっているかもしれない。それでも考えてきたことをひとまず忘れて，ぶらぶらしよう。というのも，フィールドに入る前に立てた問いやテーマの設定がそもそも的外れということもありうるし，より自分の関心が向けられる問いやテーマが見つかるかもしれないからだ。フィールドに入ったばかりのころは，立ち位置や役割が定まっておらず居心地が悪いうえに，先行研究から導き出した問いを意識して焦ってしまうかもしれない。焦る気持ちを抑えて，フィールドに馴染むことを優先しよう。フィールドに馴染むとは，そこで人々が共有しているルールや規範，価値観を学ぶことであり，後々それが重要な発見につながっていく。

居場所とキーインフォーマント

調査を始めたばかりのころは居心地が悪い。なにをしたらいいのかわからないし，フィールドの人たちから「こいつは誰だ」という目で見られる。また，わたしの存在はフィールドの人たちにとってもストレスとなりうる。そのため，調査の初期では，自分の居場所を確保することと，キーインフォーマント（頼れる人）を探すことが重要になる。わたしの場合には，職員室に専用の席を設けてもらい，主な観察対象とした1年生の学年主任の先生がわたしのことを気にかけてくれた。そのおかげでなにをしたらいいのかがわからないときでも自分の席に座っていればよかったし，わからないことは学年主任の先生に聞くこ

とができた。たとえば授業の様子を観察したいと思っても，1週間に一度しか学校に現れないわたしが何者かを認識している先生は数少ないので，自分で直接お願いすると「あなたは誰ですか」と不審がられてしまう。そのため，基本的には学年主任の先生に仲介してもらって授業を観察するようにした。居場所とキーインフォーマントが定まると，調査はかなりやりやすくなる。フィールドでまずどうしたらいいのかわからなかったら，居場所とキーインフォーマントを意識的にみつけよう。

フィールドでのメモ

調査の初期は，なにをどのようにメモするかということにも頭を悩ませるはずだ。フィールドではさまざまな情報がとびかう。なにが重要な情報なのかを見極めることができずに，情報の海に溺れてしまうだろう。そのために，「何をノートにとるのか／省略するのか」が重要になる（木下 2016）。

フィールドによっては，メモをとること自体が不自然な行為になってしまう。わたしは，ポケットサイズのメモ帳とペンを常に持ち歩き，授業中には生徒の様子などをメモした。すると，それを見ていた生徒から「なに書いてるん」と聞かれ，メモを見られるわけだが，そこには教室での何気ないおしゃべりや教師が言ったことが書かれているので，「なんでこんなこと書いてるん」と不審がられてしまう。こうしたやりとりが繰り返されると，生徒たちを不必要に不安にさせてしまうし，わたしの前ではなにも話してくれなくなるかもしれない。そこでわたしは，教室ではほとんどメモをとらず，授業後や生徒と話した後に，職員室や職員用トイレで思い出しながらメモをとるようになった。

調査を始めて2〜3ヶ月経ったころ，メモ帳の代わりにポメラをフィールドにもっていくようになった。どうせ職員室に戻ってからメモするのであれば，手書きのメモ帳よりもタイピングのほうがよいと思ったからだ。ポメラであれば，電子ファイルとしてメモを作成できるし，手書きよりもたくさんのメモを残すことができる。実際，ポメラにしてからフィールドノーツを効率よく作成できるようになった。

　これには思わぬ効果もあった。調査中，わたしは職員室でしばしば手持ち無沙汰になっていたが，その問題が解消したのである。職員室に戻ってポメラでメモをとる。メモをとりながら職員室の教師たちの会話を聞くこともできる。メモを作成していて気になることやわからないことがあったら，職員室にいる教師に確認することもできる。ポメラを手に入れたことで，わたしは職員室で「すること」が明確になり，「自然」にそこにいることができるようになった。

　ポメラ導入からさらに１年くらい経つと iPhone が普及した。調査の後半になるとわたしは iPhone でメモをとるようになった。写真や動画を撮ることも容易になった。メモ帳やデジカメを持参してメモをとったり写真を撮ったりするよりも，iPhone のほうが自然にそれができる。iPhone によって調査がかなりやりやすくなった。

帰宅後のフィールドノーツ作成

　フィールドから帰宅すると，その日のメモを参考にフィールドノーツを作成しなければならない。フィールドノーツの作成には，フィールドに滞在したのと同じかそれ以上の時間がかかると考えたほうがよい。たとえば８時半から17時半くらいまで学校に滞在していたわたしは，１回の調査につき約10時間かけてフィールドノーツを作成していた。特にフィールドワークを始めたばかりのころはどこに焦点を定めてフィールドノーツを作成するのかもわからないので，とにかく１日の出来事を覚えている限りすべて書いていたため，かなりの時間がかかった。

　具体的には次のようにフィールドノーツを作成した。毎週金曜日に調査をしていたわたしは，帰宅後，調査中に書いたメモを見ながら，まず１〜２時間でフィールドノーツを速記する。かなり疲れていたので，当日中にノーツを完成させることは現実的ではなかった。そのため，ここでは１日の全体像や特に印象的だったエピソードを書き起こしておくことが重要だった。それをもとに翌日（土曜日）に１日かけてフィールドノーツを丁寧に仕上げた。フィールドノーツをきちんと作成するためには，調査の次の日は空けておいたほうがよい。

　フィールドノーツを作成する際には「分厚い記述」を心がける必要がある。「分厚い記述」とは，「人びとの発言や行動に含まれる意味を読み取り，それを書きとめ」(佐藤 2006：111) るような記述のありかたである。たとえば，ある人が咳払いをしたとしよう。それだけの記述だと，なぜその人が咳払いをしたのかがわからない。これが病院の待合室だったらわたしたちはそれを病の症状だと理解するだろうし，スピーチの直前になされたものだったらそれを話し始める合図だと理解する。この簡単な例からもわかるように，わたしたちの発言や行動は，文脈によって意味が変わる。逆に言えば，文脈がなければ発言や行動の意味はわからない。だから，発言や行動だけでなく，それが生じた文脈も含めて書き留めることがフィールドノーツには求められるということだ（文脈の重要性については，第4章も参考になるだろう）。

　フィールドノーツに書く内容は，1日にあった出来事である。調査の初期には，1日にあった出来事を時系列で書いていくとよいだろう。ただし，1日にあった出来事を時系列で書くだけだと，あとでフィールドノーツを見返したときに，収集しているデータの全体像が見えにくくなる。そこで私は，『方法としてのフィールドノート』(Emerson et al. 1995＝1998) と『フィールドワークの技法』(佐藤 2002) を参考にして，1日にあった出来事を時系列で書いたあとに，1つの出来事を単位としてラベルを貼り付けて，1日のフィールドノーツを各エピソードに分解する作業を行っていた（図2-3）。そうすることで，あとから読み返したときにどのような内容が含まれているかが把握しやすくなり，論文を執筆する際にも分析しやすくなる。[5]その意味で，フィールドノーツを作成することは，すでに分析の段階に足を踏み入れている（図2-2を思い出してほしい）。ただし，フィールドノーツの作成段階では，先行研究との関連性はあまり意識しないほうがいい。調査中に得た研究上の思いつきを書く場合には，フィールドノーツの末尾にメモするか，別ファイルを作成してそこに書くことを推奨する。思いつきが重要な発見につながることもあるが，フィールドで生じた出来事に先行研究の知見を当てはめて解釈してしまい，新しい発見を見逃してしまう危険性もあるからだ。

```
2022/10/29
                        【1日の流れ】
                        〈エピソードA〉
                        〈エピソードB〉
                        〈エピソードC〉
                        〈エピソードD〉

【各エピソード】
〈エピソードA〉
　朝、学校に向かう道で、突然、〇〇（生徒）が私に話しかけてきた。昨日の夜、父親が糖
尿病で倒れて～～～～～～～～～～～～～～～～～～～～～～～～～～
～～～～～～～～～～～～～～～～～～～～～～～～～～～～～～～～
～～～～～～～～～～～～～～～～～～～～～～～～～～～～～～～～
～～～～～～～～～～～～～～～～～～～～


〈エピソードB〉
　1時間目の授業が始まった。先生が教室に入ってくるなり、～～～～～～～～～
～～～～～～～～～～～～～～～～～～～～～～～～～～～～～～～～
～～～～～～～～～～～～～～～～～～～～～～～～～～～～～～～～
～～～～～～～～～～～～～～～～～～～～～～～～～～～～～～～～
```

図2-3　フィールドノーツの例

中期

フィールドノーツを見返す・キーワードをみつける

　フィールドに何回か通ってフィールドノーツが蓄積されてきたら，研究者の視点からそれを見返してみよう。ここでいう研究者の視点とは，そもそもフィールドに入った問題関心はなんだったか，当初想定していた調査はできているのか，できていなかったとしたらその理由はなにか，フィールドのキーワードはなにか，フィールドノーツに先行研究を乗り越える手がかりはないか，といった研究成果（論文）をまとめる視点である。

　調査の中期になると，このような作業が重要になる。「ぶらぶら」する調査から焦点を絞った調査へと，意識的に移行していく必要があるからだ。わたしの場合だと，9月から始めて半年間は「ぶらぶら」していたが，4月になると，〈ヤンチャな子ら〉と呼ばれる男子生徒に調査の焦点を絞ることにした。調査を始めて半年が経った春休みごろに，わたしは自分のフィールドノーツを見返しながら，調査以前の問題関心はどこにあったのか，調査を通じてその問題関

心はどのように変化した／しなかったのか，それを踏まえて調査の焦点をどこに当てるべきなのかと考えた。わたしの調査は『ハマータウンの〈野郎ども〉』を出発点にしていたので，〈野郎ども〉と重なる生徒層はいるのか，いるとすればその生徒たちはなんと呼ばれているのかと考えながら，生徒を指し示す言葉をフィールドノーツから拾ってみた。そうすると，〈ヤンチャ〉，〈インキャラ〉，〈ギャル〉という言葉が見つかった。しかし，肝心の〈ヤンチャな子ら〉についてのデータがあまりない。そこで4月からは〈ヤンチャな子ら〉に焦点を絞って観察することにした。

焦点を絞る

　そうした決断によって，フィールド先での行動も変わってくる。たとえば，〈ヤンチャな子ら〉と関わるためには授業中の観察だけでは不充分だ。昼休みには食堂に行って，一緒にご飯を食べることを試みるようになった。また，調査対象とした学年は2年生になったものの，〈ヤンチャな子ら〉のなかには留年した者もいる。だから，もともと決めていた学年の授業だけではなく，1つ下の学年の授業の様子を観察することも必要になった。

　このことを象徴するのが，わたしの居場所が変わったことである。先述したように，調査初期のわたしの居場所は職員室だった。しかし職員室では，〈ヤンチャな子ら〉と接する機会があまりない。そこでわたしは，時間があるときはなるべく食堂の前のベンチに座ってメモをとるようにした。たとえば午前の授業中にベンチに座っていると，遅刻してきた生徒と出会ったりする。その生徒と軽いおしゃべり（「なんで遅刻したの？」）をして，教室に行くように促す。〈ヤンチャな子ら〉は午前中の授業を欠席することも多かったので，授業に出席するよりも，この方が情報を収集するのに適していることに気づいた。授業時間なのであまり長く話を聞くことはできないが，それでも遅刻の理由を聞いたりすることによって彼らの生活の文脈がみえてくる。そこで情報を得られたら，休み時間や放課後にそれを手がかりにしておしゃべりをすることもできる。さらに，教室に見送ったあと，その会話を即座にポメラでメモすることができ

る。職員室から食堂前のベンチに居場所を移したことで，得られる情報の質と
フィールドでつくられる人間関係が大きく変わった。

調査のリズムを変える

　焦点がある程度定まってきたら，調査のリズムを変えてみるということも重
要だ。後述するが，わたしは〈ヤンチャな子ら〉にインタビューをするために，
高校が夏休みに入る前の2週間はほぼ毎日学校に通った。1学期の期末試験が
終わると，夏休みに入るまでの期間は午前中授業となる。そのため，午後は
〈ヤンチャな子ら〉とたっぷり過ごすことができるし，インタビューもしやす
い。そう考えて2週間は毎日学校に通ったが，調査のリズムを変えたことには，
想定外の効果があった。

　第1に，〈ヤンチャな子ら〉の新しい姿をみることができた。わたしは毎週
金曜日に高校に通っていたので，その日にない授業は観察することができない。
曜日が違えば〈ヤンチャな子ら〉の様子が違うということは当然ありうるが，
金曜日だけ通っていたわたしはそれに気づくことすらできていなかった。調査
のリズムを変えてみると，たとえば自分の観察した授業は特定の科目・教員の
授業に偏っていたなど，自分が見聞きしていた情報に偏りがあったことがわ
かったのである。

　第2に，〈ヤンチャな子ら〉との仲がぐっと深まった。1週間に一度だと関
係を築くことが難しい。生徒たちにとってわたしは，1週間に一度しか来ない
「よそもの」である。1週間に一度のペースだと，積極的に話しかけてくれる
生徒との関係はつくれても，そうでない生徒との関係をつくることが難しい。
それが，2週間だけでも毎日通うことによって，関係をつくりやすくなった。
一度関係ができると，その後は週1回の頻度に戻っても話をしてくれた。

　「毎日通ったらフィールドノーツを作成するのが大変ではないか」と気に
なった人もいるかもしれない。だが，この時期になると調査の焦点が絞られて
きて，フィールドノーツも蓄積されているので，フィールドノーツに書くこと
も初期のころより絞られてくる。たとえば，初期のころは授業中のやりとり全

体をできる限り細かくフィールドノーツに記録しようと心がけていたが，このころになると，教師と〈ヤンチャな子ら〉のやりとりを主に記録するようになった。また，ポメラや iPhone を駆使して調査の空き時間や移動中にメモを整理することにも慣れていた。そのため，調査初期のころとは異なり，その日のうちにフィールドノーツを完成させることができるようになっていた。

　このように調査の中期では，初期の「ぶらぶら」とは違い，自分自身のフィールドワークを反省的に捉えてフィールドの全体像をみることが重要になる。

インタビュー

　エスノグラフィーでも，調査中にインタビューを行うことは多い。エスノグラフィーのなかで行うインタビューは，インフォーマルインタビューとフォーマルインタビューに区別できる。インフォーマルインタビューとは，調査中に気になったことを調査協力者に尋ねることであり，基本的に録音はしない。日常会話の延長で即興的である。そのやりとりをメモと記憶を頼りにフィールドノーツに書き起こす。要するに，調査中には初期から自然と行っているものだ。それに対してフォーマルインタビューは，調査協力者にあらためて依頼して日時と場を設定して行うようなインタビューのことである。了解がとれれば会話を録音させてもらうし，事前にインタビュー項目を考えておくことも必要になる。第 1 章で論じられているようなインタビューである。

　調査の目的にもよるが，フィールドワークで焦点が絞られてきてから，フォーマルインタビューを行うとよいだろう。インタビューのみの調査と異なるのは，すでにフィールドでの経験とデータ（フィールドノーツ）をもっていることだ。だから，その利点を最大限に生かすインタビューにしたほうがよい。具体的には，フィールドノーツをきちんと見返して，足りない情報や印象的な出来事を確認しておき，それについてインタビューで聞くとよいだろう。わたしの場合には，研究の目的に照らして，〈ヤンチャな子ら〉の家族構成，親の学歴や職業について知る必要があったが，それらの情報は日常会話ではなかな

か出てこないし，聞きにくい。インタビューの場をあらためて設定することで，そうした必要な情報を収集・整理することができた。

3　分析して論文を書く
―終期―

先行研究との違いを意識する

　これまで述べてきたことを半年から1年くらい続けていると，手元にはかなりのデータがあるはずだ。終期には，いよいよこれらのデータを使って論文を書かなければならない。わたしの経験を例に，論文執筆のプロセスを説明しよう。

　どのような調査方法を用いたとしても，論文を書くうえで最も重要なのは先行研究との違いである。調査でどれだけ苦労してデータを手に入れたとしても，どれだけ面白い発見をしたとしても，それを研究の文脈に位置づけなければ論文にはならない。エスノグラフィーという方法では，上述したように1年近くかけて調査しながら焦点を絞っていくので，調査の終期では，自分の研究をどのような先行研究に関連づけるかはある程度定まっているだろう。それでも，先行研究と自分の研究との違いを明確にして論文にするまでには，まだまだ距離がある。だから，論文を書く段階で，手に入れた調査のデータや経験のどこに研究上の意義があるのかをあらためて考える作業が必要になる。

研究者の枠組みと現実との齟齬

　そのときに重要になるのが，先行研究で見出されている知見のうち自分のフィールドでの経験に当てはまらないことはないかと考えてみることである。多くの人にとって，それは，自分のフィールドでの経験に先行研究の枠組みを適用できないことの難しさとして現れるだろう。わたし自身の経験で言えば，調査をする前，「貧困世帯の子ども・若者が家族に対して抱く思いは，肯定的なものか，それとも否定的なものか」という問いをもっていた。諸々の先行研

究が明らかにしてきたように，貧困状態にある子ども・若者の生活は非常に厳しく，家庭環境も不安定な傾向がある。そのようななかで，子ども・若者が「なぜ自分はこんな目に遭わなければならないのか」と親や家族に否定的な感情を抱くということは充分に考えられる。しかし同時に，外部の者からは貧困で厳しい状況に置かれているようにみえたとしても，その本人にとっては当然の状態として捉えられている可能性もある。〈野郎ども〉が肉体労働を肯定的に捉えていたように，貧困状態にある子ども・若者が自らの生活を肯定的に捉えている可能性だってある。このように考えて，調査をする前のわたしは貧困状態にある子ども・若者は自らの家族を肯定か否定かのどちらかに捉えていると想定していた。

　しかし実際に調査をしてみると，困ったことに遭遇した。貧困世帯で育ってきた〈ヤンチャな子ら〉の家族に対する思いを聞いてみると，否定的に語るときもあれば肯定的に語るときもあった。つまり，肯定的か否定的かのどちらかではなく，肯定的にも否定的にも語ったのである。それはよくよく考えてみればあたりまえのことで，家族に対する思いを肯定・否定のどちらかに割り切って語れるはずがない。調査をする前にわたしがもっていた想定（肯定か否定か）は，現実に対して単純すぎるものだったのである。

　このような現実に遭遇したとき，どう分析を展開したらいいのだろうか。初学者がやりがちな，2つの間違った対処法がある。1つは，複雑な現実に無理矢理自分の認識枠組みを当てはめるパターンだ。たとえば，「あなたは家族について肯定的にも否定的にも語っているが，実際はどっちなのか」と「本音」を問いただすような態度をとったりすることがこれにあたる。フィールドノーツを見返して，肯定的に語る場合と否定的に語る場合を数え上げてどちらが多いかを確認することも，このパターンに当てはまる。いずれも，複雑な現実に対して調査者の単純な図式を当てはめようとしており無理がある。これでは，せっかくの調査も台無しである。逆に，「現実は複雑だ」といって説明を放棄するパターンもある。実際，貧困世帯の子ども・若者の家族に対する思いや語りは，先行研究において，「単純ではない」とか「複雑だ」というかたちで，

充分な説明が与えられないままにされていることが多かった。これは確かに調査者の想定を無理矢理に当てはめるよりは誠実だが,「複雑だ」と言っただけでは説明になっていない。どのように複雑なのかを説明しなければならないはずである。

　現実に対して研究の枠組み（もともともっていた想定）が当てはまらないと, はじめは焦ってしまうかもしれない。しかし, それは研究のオリジナリティを見出すチャンスでもある。チャンスと捉えて, その経験から先行研究でいわれていないことをじっくりと考えてみよう。

分析の視点を明確にする

　その際に手がかりとなるのが,「分析の視点」である。[6]「分析の視点」とは, データのどのような点にどのように着目するのかを明示するための概念である。調査をきちんとやれば, データが膨大になり, データをどのように整理したらいいのかがわからなくなる。そのようなときには分析の焦点をどこに当てるのかを考えることで, データをどう整理・分析すればよいのかが見えてくる。たとえば, 高校でエスノグラフィーを行えば, 教師と生徒のやりとりや生徒同士のやりとり, 休み時間の生徒の行動など, 非常に雑多なことがフィールドノーツには書き込まれる。そこに,「家族」という視点を入れるだけで, その雑多な情報から, 家族に関する記述だけを抜き出して考えることができるようになる。このように, まずは自分の論文のテーマを考えて, それに関わるデータを抽出することから始めてみるとよいだろう。そして, 抽出したデータを読んで, 先行研究との違いや自分が困っていることを考えてみよう。

　ただし,「家族」という視点だけでは, 明晰な論文を書くことはまだできない。論文を書くためには, 焦点をもっと絞る必要がある。わたしの場合, メインのテーマは「子ども・若者の貧困」であったため,「家族」に関する先行研究はあまり読んでいなかった。そこで家族に関する先行研究を読んでみることにした。そうすると, 家族といっても定義のしかたはさまざまであり, 定義それ自体をめぐって多くの研究が蓄積されていることがわかった。そのなかには,

フィールドでの経験，すなわち家族を肯定的にも否定的にも語るという経験を
うまく言語化してくれそうな研究があった。それが構築主義的家族研究（松木
2013）と呼ばれる研究群である。一言でいえば，具体的な文脈のなかで人々が
「家族」という概念をどのように使っているのかを明らかにしようとする研究
である。この研究に依拠すれば「家族を肯定的にも否定的にも語る」という経
験を肯定／否定の二者択一で記述する必要がなくなり，その語りが生まれた文
脈や状況に着目すればよいことに気づいた。つまり，わたしのフィールドでの
経験・データは，構築主義的家族研究を援用することで一貫した論理で分析・
考察を展開することができるようになったのである。

　詳しい研究内容は論文を読んでもらいたいが，研究をするうえで重要だった
のは，家族に関する社会学的研究では，構築主義的な家族の捉えかたに関する
研究が蓄積されていたものの，「子ども・若者の貧困」研究では，構築主義的
な家族の捉えかたをしている研究がなかったということである。つまり，「子
ども・若者の貧困」に対して構築主義的な家族の捉えかたでアプローチした研
究はなかったのである。だからわたしの研究は，家族社会学の研究を参照する
ことで，「子ども・若者の貧困」という研究領域に新しい知見をもたらすこと
ができた。このように，自分が研究している対象に別の分野から分析の視点を
持ち込むことで，研究のオリジナリティ＝重要な知見が見出せることはめずら
しくない。自分の取り組みたいテーマ（「子ども・若者の貧困」）だけではなく，
広く先行研究を読み，分析の視点を磨こう。

4　エスノグラフィーの魅力

　わたしは1時間以上かけてフィールド先の高校に通っていた。自宅から駅ま
で歩き，電車に乗り，商店街を約20分歩いたら高校に着く。当時はその往復が
つらく，「もっと近い高校にすればよかった」と思ったことも一度や二度では
ない。しかし今から思えば，その片道1時間以上の道のりは，フィールドと向
き合うための貴重な時間であった。「先週はどんな感じだったっけ」と思い出

しながら出かけ，帰り道では今日あった出来事を振り返りつつ，その出来事と先行研究との関係を考える。当時のわたしにとって，それは移動時間でしかない「無駄な時間」として感じられていたが，実際にはフィールドと向き合うための貴重な時間だったのである。

このことは，エスノグラフィーという調査法を象徴しているように思う。実際に足を運ぶわけだから，身体的にも精神的にもきつい。加えて，フィールドノーツを書いたりインタビューの文字起こしをしたりする時間を考えれば，非常に手間と時間のかかる調査法である。しかし別の言いかたをすれば，エスノグラフィーは非常にきめ細かな調査ともいえる。五感を使ってデータの収集・分析・問題関心の明確化を，同時かつ徐々に進めるので，それぞれの作業を連関させながら研究を進めることができる。

エスノグラフィーでは，仮説が棄却されるどころか，研究の枠組み自体に疑問を突きつけられることも少なくない。しかし，それを乗り越えて，フィールドでの経験をうまく一貫した論理で文章化（論文化）できたときの喜びは計り知れない。その喜びを本章でうまく伝えられたかわからないが，実際にエスノグラフィーを行って論文を書き上げたあとで読み直してもらえば，その喜びを共有できるだろう。

📖 文献案内

①打越正行，2019，『ヤンキーと地元』筑摩書房。
　　沖縄のヤンキーに対する10年以上の調査をまとめた本である。この本を読めば，エスノグラフィーという調査法がいかに大変でいかにおもしろいかがよくわかるはずだ。エスノグラフィーをはじめて読む人に手に取ってほしい。

②木下衆，2019，『家族はなぜ介護してしまうのか──認知症の社会学』世界思想社。
　　エスノグラフィーは自分の生活圏外を対象にして行うことが多いが，生活圏内の問題を取り扱うこともできる。人々はどのようにして家族を認知症と判断するのか，どのようにして認知症の家族と向き合うのか，身近な問題をエスノグラフィーで考える好著である。

③ウヴェ・フリック（小田博志ほか訳），2011,『新版 質的研究入門——"人間の科学"のための方法論』春秋社。

　エスノグラフィーは，観察やインタビュー，文書収集などのさまざまな方法で現実に迫る。本章ではそれら一つ一つを詳しく取り扱うことができなかった。本章の内容が物足りない，もっと知りたいと思った方は，ぜひこの本を読んでほしい。

注

(1)　エスノグラフィーに類似する意味で用いられる言葉として，フィールドワークがある。フィールドワークはエスノグラフィーよりもさまざまな文脈で使われる言葉である（小田 2010：8）。

(2)　フィールドにお願いをする・連絡をする・調査の依頼をするといった際の手順は，團（2016）に詳しいので，そちらを参照してほしい。

(3)　どのように説明するのがいいのかは，フィールド先の特性によって異なる。学校のような公的機関であれば，調査計画書や調査依頼書を用意して持参することが望ましい。しかし調査対象が暴走族だったら，まったく異なった形式の説明が必要になるはずだ（打越 2016）。

(4)　KING JIM 社が製造販売するテキスト入力専用の機器。タブレットやパソコンよりも持ち運びやすくメモをとりやすく，価格も比較的安い。

(5)　当初，わたしは Word でフィールドノーツを作成していたが，エピソードごとに整理・分析するためにテキスト形式（.txt）に変えた。近年では，質的データ分析のためのソフト（MAX QDA など）や Evernote などのメモアプリも充実しているため，それぞれの研究関心に合わせてデータ整理がしやすいアプリを選ぶとよいだろう。

(6)　「分析枠組み」や「分析視角」と呼ばれることもある。いずれも，データを分析する際にどこに着目するのかを示している。質的データを分析した論文を集めて読み比べてみると，論文を書く手がかりが得られると思う。

文献

知念渉，2014,「『貧困家族であること』のリアリティ——記述の実践に着目して」『家族社会学研究』26(2)：102-113。

知念渉，2018,『〈ヤンチャな子ら〉のエスノグラフィー——ヤンキーの生活世界を描

き出す』青弓社。

團康晃，2016，「学校の中の調査者——問い合わせから学校の中ですごすまで」前田拓也ほか編『最強の社会調査入門——これから質的調査をはじめる人のために』ナカニシヤ出版，119-131。

Emerson, Robert M., Rachel I. Fretz, and Linda L. Shaw, 1995, *Writing Ethnographic Fieldnotes*, The University of Chicago Press.（佐藤郁哉・好井裕明・山田富秋訳，1998，『方法としてのフィールドノート——現地取材から物語作成まで』新曜社。）

木下衆，2016，「フィールドノートをとる——記録すること，省略すること」前田拓也ほか編『最強の社会調査入門——これから質的調査をはじめる人のために』ナカニシヤ出版，103-118。

丸山里美，2016，「フィールドワーク」岸政彦・石岡丈昇・丸山里美『質的社会調査の方法——他者の合理性の理解社会学』有斐閣，37-94。

松木洋人，2013，「家族定義問題の終焉」『家族社会学研究』25(1)：52-63。

小田博志，2010，『エスノグラフィー入門——〈現場〉を質的研究する』春秋社。

佐藤郁哉，2002，『フィールドワークの技法——問いを育てる，仮説をきたえる』新曜社。

佐藤郁哉，2006，『フィールドワーク——書を持って街へ出よう　増訂版』新曜社。

佐藤郁哉，2015，『社会調査の考え方　上』東京大学出版会。

打越正行，2016，「暴走族のパシリになる——『分厚い記述』から『隙のある調査者による記述』へ」前田拓也ほか編『最強の社会調査入門——これから質的調査をはじめる人のために』ナカニシヤ出版，86-99。

Willis, Paul E., 1977, *Learning to Labour : How working class kids get working class jobs*, Ashgate Publishing.（熊沢誠・山田潤訳，1996，『ハマータウンの野郎ども』筑摩書房。）

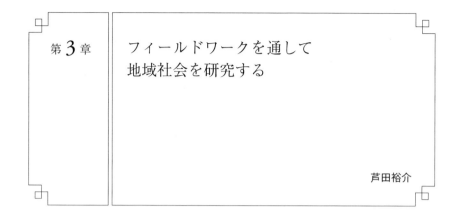

第3章　フィールドワークを通して地域社会を研究する

芦田裕介

1　地域社会を対象としたフィールドワークとは

地域社会の研究におけるフィールドワークの有効性

　地域社会を研究するときに,「フィールドワーク」という方法を選ぶのはな
ぜだろうか。地域社会の研究において,調査者はまずもって調査対象者が生活
する場所である地域社会の「構造」を把握することが重要である。構造の把握
のうえで,研究対象となる社会現象について調査し,その基盤となる地域社会
との関係を分析する。それは,客観的に把握できる数値や地形のようなデータ
に加え,地域社会で暮らす人々の現実に即した生活実態に関するデータを収集
していくことでもある。データ収集のためには,特定の研究手法(インタ
ビュー,資料分析,質問紙調査など)のどれかだけでは難しく,いくつかの手法
を組み合わせて調査することが必要とされる。フィールドワークは,「さまざ
まな方法をミックスして対象を総合的に理解し分析するための方法」である
(岸 2016：16)。よって,地域社会を対象として研究する場合には,「フィール
ドワークが有効である」というよりも,「結果的にフィールドワークをするこ
とになる」というのが正解かもしれない。

　たとえば,子育てや介護をテーマとして研究する際に,家族を対象として子
育てや介護の課題について調査を進めていけば,その研究は一般的には「家族

の研究」になる。それに対し，「〇〇市の子育ての現状」「××地域の高齢者介護に関する課題」のように，なんらかの空間的範囲や地理的区分を含めて研究対象とする場合には，「地域社会の研究」という意味合いが強くなる。この場合には，地域社会をたんに研究対象とする社会現象が生じている舞台，としてのみ捉えるのでは不充分である。そうではなく，「地域社会のありかた」が特定の社会現象の基盤となっていると捉え，その社会現象との間の因果関係を考える必要がある。ここでいう「地域社会のありかた」とは，歴史や文化，自然，政治，経済など，ある地域社会のもつ特徴や属性とでもいうべきものである。それは比較的大きく変化しにくい部分であり，地域社会の土台や骨組みという意味で「構造」ともいえるだろう。

「どこ」を調査するのか

　地域社会のフィールドワークを行うとして，いったい「どこ」を調査すればよいのだろうか。最もわかりやすいのは，市町村のような行政区分である。たとえば，「〇〇市の開発計画」「××町の商業」「△△村の人口減少」といったテーマで研究するときには，どこを調べればよいのかが非常にわかりやすい。〇〇区，××地域というのも同様で，△△商店街というのも，比較的調べる範囲はわかりやすい。実際に調査を行う場合には，まずは市町村レベルでの行政区分から調べることをおすすめしたい。調査を進めるなかで最初の区分が有効ではないと感じたら，そこから範囲を拡大・縮小していくのがよいだろう。

　たとえば，横浜市神奈川区に六角橋商店街という商店街がある。この商店街を調査しようとする場合，すぐに商店街にあるお店について調べることは不可能ではない。しかし，いきなり特定の対象から調査を始めると，「木を見て森を見ず」ということに陥りやすい。あるお店が人気だというときに，その店の人たちの話を聞いて，「商店街の人たちの努力によって活性化している」というストーリーを描く学生の話をよく聞く。これは一見まとまった報告ではあるが，実際にはそんな単純な話ではなく，そのお店の立地，商店街付近の商業や産業，行政の政策の影響など，さまざまな要素が絡まった結果，そのお店が人

気になっていると考えられる。ある社会現象の表面である「木」だけに注目するのではなく，その背景にある地域社会の構造という「森」にまで目を向けていくことが必要なのである。

　この例では，「横浜市神奈川区」がどのような場所であるかを調べることが大事になる。具体的には人口，歴史や文化，自然や地理的条件，産業構造，交通，財政，教育，医療，商業などなどである。これらは，自治体の公式サイトや官公庁の統計，文書資料などにアクセスすれば，容易に調べられる。そういったアクセスしやすいところから商店街という場所を取り巻く環境を把握し，その商店街が成立している条件を考え，徐々に研究対象のお店に迫っていくかたちで調査を進めていくことが重要である。それはさながら，Google Earth で地球全体から対象の場所へとフォーカスしていくようなイメージである。

2　フィールドワークの進めかた

事前調査と現地調査

　では，実際にどのようにフィールドワークを進めていけばよいだろうか。先述のように，現地に行く前に文献資料やウェブから可能な限りの情報を集める，という「事前調査」が必要である。日本社会では統計データが非常に整備されているので，その情報を有効活用しない手はない。[(2)]このやりかたに関しては，異論や違和感をもつ人も多いかもしれない。変な先入観をもたずに現地に飛び込むというやりかたもあるし，その方が有効な調査ができる場合があることも認める。しかし，筆者が知る限り，調査者がいきなりフィールドに入って有効な情報を得るのは困難なので，基本的には事前調査をおすすめしたい。

　フィールドによっては，時間や費用がかかるために，頻繁には現地調査に行けないことがある。また，社会情勢の変化（災害やパンデミックなど）で調査自体が不可能になることもある。誰もが，論文執筆のために長期間泊まり込んでフィールドワークができるわけではない。だからこそ，現地に行かなくてもわかることは先に把握しておくに越したことはない。そうすれば，現地では必要

な情報により集中してアクセスしやすいし，人に話を聞くときにも，基本的な情報を把握しておけば話の内容を理解しやすい。そもそも，現地調査に付き合ってくれる相手も暇ではない。フィールドについて事前に調べていることを相手にわかってもらうことで，調査対象者にこちらの熱意を伝えることができるし，信頼関係も築きやすい。ある意味で，事前調査は現地調査よりも重要ともいえる。

　現地調査の進めかたはテーマや対象によって異なるので一律に語るのが難しい。筆者の具体的なデータの集めかたについては後述するが，おすすめしたいのは，地域の文書資料を集められる公立図書館や民俗資料館のような場所で資料調査をすることである。テーマによっては行政機関を訪問し，情報提供をお願いすることもある。デジタル化されていない歴史資料や公文書など，現地に行かなければ手に入れられない資料は，インターネットが発達した現代でも予想外に多いものである。また，調査対象者が個人的に所有する資料も，可能な限り閲覧・複写させてもらうことをおすすめする。人の話や記憶は，概してあいまいになりやすい。ゆえに，実証的な研究のためには，常に聞いたことを書かれたものや数字と突き合わせながら検証することが不可欠である。それはどちらが正しいのかということだけでなく，「ずれが生じているのはなぜか」を考察するというような意味もある。

　そして，（前言とは異なるように感じるかもしれないが）フィールドをぶらつくことも重要である。余裕があれば，①なにも考えずに思うまま歩き回る，②調査したいテーマや視点をもって歩き回る，という両方ができれば理想的である。筆者の場合には，テーマに関係がなくとも，調査地域にある神社やお寺，有名なスポットなどには行ってみる。これらの場所は，その地域社会で暮らす人々にとって象徴的な意味や思い入れがある場合が多く，調査対象者との話のきっかけにもなるからである。現地を歩いてみると，フィールドに入る前の事前調査はあくまでも事前調査に過ぎないと実感するだろう。歩きながら見える景色や漂うにおい，醸し出す「雰囲気」というのは，現地に行かなければ感じ取れないからだ。また，フィールドの気候や生態系のような自然環境を知ることも，

テーマに限らず地域社会を理解するために非常に重要である。ある地域社会における人々の生活は，その地域固有の自然環境を基本として営まれており，地域社会の歴史や文化の特徴は自然環境のありかたと関連しているからだ。

　調査者が地域社会を把握するためには，現地の人々が日常的に感じている風景や感覚を知ることが重要である。ときには公共交通機関や自動車，自転車などを使うことも有効である。もし可能であれば，道行く人に勇気をもって話しかけてみるのもよいだろう。筆者自身は，現地の人たちとの何気ない会話から，研究課題や考察を深められたことがある。事前にフィールドに対する知識や情報をもっていても，それらは現地調査の過程で徐々に相対化され，調査者は他者の視点，地域社会の文脈を身につけていくのである。

地域社会との関連でデータを分析する

　データの収集と同じくらい重要なのが，データの分析である。データの種類や性質にもよるが，地域社会におけるフィールドワークのデータを分析する際に心がけたいのは，常に調査地の物事を「地域社会との関連で考える」という視点である。先ほどの商店街の例であれば，ある店で客が来なくなって困っているという話を聞いたときに，その要因はいくつか考えられる。地域社会の人口構成が変化し，高齢化が進んで人が訪れなくなっているのかもしれない。あるいは，産業構造の変化で立地していた大企業の工場が撤退し，労働者が来なくなったということもありうる。または，近隣に大型のショッピングモールが建設され，商業の変化の結果として人が来なくなっているのかもしれない。その他にも，公共交通をはじめ交通網の変化など，考えるべきことはあるだろう。

　少し専門的にいうと，ここでは地域社会における構造（説明変数）から，社会現象（被説明変数）の要因を明らかにしようとしている。もちろん，現実には構造のほうが一方的に社会現象を規定しているわけではないので，相互作用にも目を配る必要がある。しかし，まずはこのような構造からの分析が，ある現象を地域社会という時空間のなかで立体的に捉え，その背景にある因果関係や問題に接近していくために必要である。具体的な事例の分析は後述する。

3　地域社会におけるミクロな人間関係の意味
―研究事例1―

調査の進めかた――とにかく調べる

　ここからは，筆者の研究を事例に話をしていく。筆者の研究関心は大まかに
いえば，近代化に伴う日本の地域社会の変容，都市と農村の関係の変化にある。
筆者は大学院生時代に，日本の農村社会と農村住民の生活に大きな変化をもた
らし，日本社会の人口構造や産業構造にも影響を与えた，農業機械の開発・普
及・利用をめぐる問題を研究テーマに設定し，岡山市でフィールドワークを実
施した。その成果として，家族農業労働における性別分業のメカニズムを明ら
かにする論文を執筆した。⁽³⁾しかし，筆者は最初から論文にまとめたような関心
をもってフィールドに入ったわけではなかった。

　当初の関心は，日本の農業で機械化はいかにして進展し，その過程で農家は
どのような課題を抱えてきたのかというあいまいなものであった。農業の機械
化に関しては先行研究が蓄積されており，農業の機械化が農業の生産性向上や
農業労働の効率化をもたらし，都市部への人口移動を促すなど，人々の生活を
変化させたことはすでに明らかにされていた。筆者は，社会学のみならず他分
野でも関連する文献には目を通し，その過程で国産の耕うん機（田畑を耕す機
械）の発祥地である岡山市の干拓地の存在を知った。このフィールドであれば，
日本における農業の機械化の初期から現在に至るまでの歴史的な変化をたどる
ことができると考えた。

　まずは，この干拓地に関して可能な限りの資料を収集した。これは先述の
「事前調査」にあたる。たとえば，農林水産省発行の『農林業センサス』では，
地域ごとに農家数や農地面積，農業機械の普及台数などが，1950年代から5年
ごとに時系列で調査されている。これらのデータを整理することで，対象地域
の農業と農家に関する概要を把握することができた。また，市町村史や農業機
械メーカーの社史などから，フィールドにおける農業の機械化に関連する記事

をすべてピックアップした。これによって、農家が機械を購入する前提となる政策や社会的な背景を確認することができた。また、他の研究者の対象地域における事例研究・調査報告にも目を通し、フィールドに関するイメージを膨らませた。

　次に「現地調査」のためフィールドを訪れ、最初は数時間かけてぶらぶらした。岡山市の中心市街地から車で20〜30分程度の場所にあり、電車やバスでのアクセスも可能であった。ビルが並ぶ中心地から少し離れただけで、日本では珍しいほどきれいに整備された田園と水路が一面に広がっており、所々に民家や商店、公共施設が立ち並ぶという景観が非常に印象的であった。ただし、地域住民は車での移動を中心としているためか、通行人はほとんどいなかった。筆者は、なんとなく近くのスーパーに行き、品揃えや集まる人たち、駐車場の車などを観察しながら、人々の暮らしの様子をうかがおうと試みた。そのうえで岡山県立図書館と岡山市立図書館にも立ち寄り、対象地域に関連する資料を調べて複写した。

　その後、指導教員を介して岡山県の農業普及指導センター（都道府県の専門の職員が直接農業者に接して農業技術・経営に関する支援を行う機関）の職員と知己を得て、調査地域で暮らす顔の広い農家を紹介してもらい、正式に調査を実施できることになった。紹介してもらった農家への聞き取りから開始し、そこからの紹介や「飛び込み営業」によって最終的に15戸の農家がサンプルとなった。聞き取りの過程では、2つの集落で農業の機械化の過程について質問するアンケート調査も実施した。さらに、調査対象者の1人を通じて紹介してもらった、地域での機械販売を経験した農協職員にも聞き取りを実施し、普及させようとする側の視点から機械化の過程を振り返ってもらった。アンケートや聞き取り調査のデータは、事前調査で収集した統計データや文書資料と突き合わせ、その正確さを検証した。聞き取り調査の合間には、研究テーマを意識しながらフィールドを歩き回り、人々の生活にふれるようにした。

　こうして、ある地域社会における農業の機械化の過程を、それをとりまく構造を含めて把握することがようやく可能になった。ただし、データを集める段

階では，どこが新しい知見なのかという点は明確ではなかった。

分析の進めかた──性別分業と地域社会の構造の関係を考える

　ここでは，実際に論文を書くまでにたどった手順を示しつつ，地域社会との関連でどのようにデータを分析したのかについて論じていく。

　手順1は，「問題意識」の言語化である。筆者は，このフィールドのなにに問題関心があるのかあらためて考えてみた。調査を進めるなかで，筆者が特に気になったのが，「男性が機械操作，女性が補助作業」という農業労働における性別分業の問題であった。聞き取りのなかで，世帯主である男性だけでなく女性にも話を聞こうとしても，「機械のことはよくわからない」と答えられ，男性には「女の人に聞いてもわからん」と言われるなど，女性に対して充分に調査できないような状況があった。関連して，農林業センサスを確認した際にも気になるデータがあった。2000年において，農業に従事している人の比率は男女であまり変わらないのだが，そのうち農業機械を操作した人数となると，女性は男性の10分の1であった。日本の農業労働において，機械を使うのは男性の役割となっていたのである。

　手順2は，「問い」の発見である。手順1の問題意識がたんなる筆者個人の関心というだけでなく，社会的，学術的に考える意義があるのかを検討した。社会政策に目を向けると，1990年代以降の農林水産省の政策では，社会全体の流れを受けて「男女共同参画」の実現のためにさまざまな方策が進められてきた。しかし，現実には農村社会の日常生活のあらゆる場面でジェンダーの非対称が存在していることは先行研究でも指摘されており，なによりフィールドに行けば必ず実感することでもあった。農業労働における性別分業の問題についても指摘されていたが，それがなぜ強固で変化しにくいのかという点については，いまだに明らかになっているとは言いがたかった。そこで，筆者は「農業機械の普及が性別分業と関連しているのではないか」という疑問をもつに至った。そして，「家族農業労働の編成においてどうして性別分業が固定化されるのか」という「問い」を設定した。この「問い」を踏まえ，フィールドワーク

で集めたデータを見直すという作業を行ったのである。

　手順3は，先行研究と照合する作業である。自分の研究はどのような研究の流れのなかに位置づけられ，従来の研究に対してどのような新しい知見をもたらすのかを考えた。得られたデータのなかに，「田植え」では男性が機械操作をし，女性は補助労働をすることが多いという事実があった。その理由は，聞き取りによれば「男性の方が機械の操作がうまいから」ということだった。国内の先行研究によれば，家族農業経営システムにおいてはジェンダーによる農作業のスキルの格差が生じやすく，この格差が労働における「やりがい」の格差に直結することが指摘されていた。そこで筆者は，男女間のスキル格差がどのようにして生じるのかを掘り下げてみた。すると，複数の聞き取りデータから，家長がスキルを伝達する際に男性の子に優先的に行っていることが明らかになった。

　他方で，女性が機械作業を担当する場合もあった。多くの農家男性は，農業機械について「(男女)どっちが使ってもええ」と語っており，歴史的にみても女性が機械を操作することはあった。これは一見すると，性別分業の固定化が起きていないと理解できるように思われた。しかし，農家女性の以下のような語りからは，それほど単純な話ではないということがわかった。その女性によれば，「兼業化で男の人が出ていったから機械操作もやらざるをえんかった……それでトラクターから田植機，コンバインまで一通り使ったわけ。それでも男の人がおるんだったら，自分は使わんでもええかなって」との考えがあったという。そして，息子が機械を使えるようになったら任せ，夫が退職後に家にいるようになったら夫に任せることにし，次第に機械操作をしなくなったという。この背景には，戦後の産業構造の変化で岡山市付近に第2次・3次産業が発展し，農家の兼業先ができたことも影響していた。

　海外の先行研究を参照すると，以下のような解釈が可能になった。農家女性が男性不在のような特別な理由があって機械操作をする場合に，女性は自身を「真のオペレーター」である男性の「代役」と位置づける。それゆえ，「男性が機械操作，女性が補助労働」という従来の性別分業は変更されることがなく，

むしろ強固になるのである。欧米ではジェンダー研究の流れをうけて農村社会
学の分野において1990年代以降，農村における男性性の問題を扱う研究が増大
していた。農業労働における性別分業についても，男性が女性を従属的地位に
位置づけ続ける過程に目を向けることが重要であり，農業機械のような農業技
術と男性性（男らしさ）の結びつきが性別分業の要因だと指摘されていた。筆
者は，自身の研究をこの先行研究の流れに位置づけ，より広義には農村研究に
留まらない，テクノロジーとジェンダーの結びつきによって生じる問題を考え
るという課題を設定した。

　しかし，ここで疑問が生じた。このままデータの分析を進めても，ただ欧米
の研究の枠組みに当てはめて日本の現象を解釈するという，単純で図式的な分
析にしかならないのではないか。なによりも，フィールドの人々と接して
いると，男性が一方的に女性を従属的地位に置くという発想では，実際の農作
業が成立するようには思えなかった。このままでは，筆者の思い込みにより，
人々が生きる現実を歪めて理解することになりかねない。そこで，あくまでも
データにもとづき，地域の文脈を踏まえた分析枠組みを設定するように考えた。

　手順4は，分析枠組みの構築とそれを用いた考察である。この手順4で地域
社会の構造に立ち返り，構造と家族農業労働における性別分業の関連を分析す
ることにした。筆者の考えた枠組みは，以下の通りである。テクノロジー，特
に農業技術は，それを取り巻く地域社会の構造に合わせて導入・利用される。
また農村生活におけるジェンダーのありかたは，農村生活特有の慣習やシステ
ムと結びついている。よって，テクノロジーとジェンダーの問題を考える場合
には，フィールドである地域社会の構造および慣習やシステムを踏まえ，これ
らがどのように絡み合っているのかを明らかにしていくことが重要となる。以
上の点を考慮のうえ，家族農業労働における性別分業について分析を行うこと
にした。

　筆者は，特に地域社会における農家間の関係や自然条件，景観に注目し，こ
れらの要素が個別農家の農業労働に及ぼす影響を考察した。例を挙げると，農
業機械による作業の痕跡は田畑に刻まれるため，オペレーターの操作スキルは

地域社会の人々に公開され，優劣の比較が可能になる。農業機械を使うことは，他者との関係のなかで成立する社会的な行為なのである。とりわけ，調査地域のように整備された田園地帯では，田畑の耕作状態が一目瞭然のため，男性は農業機械の操作スキルを自身のアイデンティティと結びつける傾向があり，男性同士で競い合って見た目や仕上がりの美しさを追求する。女性がこうした男性のこだわりを理解することは難しく，機械の使用を遠ざける要因となってしまう。このように，地域社会における農家間の関係が農業機械の利用方法に反映されることが，男性が農業機械を使い，女性が補助労働を行うという性別分業の固定化の一因となっていたのである。

　手順 5 は，内容のまとめであり，「問い」に対する結論の提示である。手順 5 では，フィールドワークを通じて明らかになった点を論じた。「家族農業労働の編成においてどうして性別分業が固定化されるのか」という「問い」に対し，先行研究では農業機械と男性性の結びつきが性別分業固定化の要因であるとされていた。しかし筆者が調査から導いた分析では，それ以上に，日本の農村社会特有のミクロな社会関係と農業機械の結びつきが性別分業の固定化の要因となっていた。さらに留意すべきは，この性別分業は，従来の先行研究で指摘されてきた「女性が農業労働において周辺化されている」ことを必ずしも意味していない，ということであった。性別分業は，農業労働の中心であろうとする男性と農業に関わりたくない女性それぞれの戦略が合致した結果ともいえるということが明らかになったのである。現場でのミクロな人間関係に注目したことで，「他者の合理性」（人々の，一見すると不合理な行為選択の背後にある合理性やもっともな理由）（岸 2016：29）の一端を理解できたといえるかもしれない。

4　都市化・産業化が地域社会に与える影響
―研究事例 2 ―

調査の進めかた――計画的に調べる

　次に取り上げるのは，研究事例 1 の後に調査を実施したケースである。この

事例では，それまでのフィールドワークのやりかたに加え，より「計画的に調べる」ことを意識して調査・分析を行っている。調査地の選定やデータ収集の時点から，研究の「問い」と地域社会との関連でデータを分析することを，常に頭に置いて調査を進めたのである。

　筆者がフィールドワークを行うなかで，どの地域社会でも共通して住民が悩んでいる課題が「空き家」であった。このテーマに取り組もうとした2014年ころは，空き家への社会的関心が急速に高まり，「空家等対策の推進に関する特別措置法」が制定された時期であった。全国の自治体で空き家対策が進められる状況のなかで，筆者は「空き家」に関する研究を開始した。筆者は調査を元に2本の論文を執筆したのだが[4]，調査での問題関心は，「空き家という現象を通してその背景にある地域社会の問題について考察する」ことにあった。それは，社会学以外の分野において，空き家の適正な管理，利活用といった行政課題の解決に資するような研究が蓄積されていく一方で，「地域社会で生活する人々にとって，空き家がなぜ，どのように問題なのか」という点が，必ずしも明確ではなかったからである。筆者は，この点を研究の「問い」として調査研究を進めていくことにした。

　まずは関連する研究の整理のために，国会図書館を利用し，「空き家」というキーワードで関連する論文や雑誌記事を徹底的に調べ，社会のなかで「空き家」が問題として取り上げられる背景を確認した。その過程で，欧米圏で発展してきた「ハウジング・スタディーズ」を参照した。アメリカやイギリスでは，住宅を社会学・政治学・社会政策学を含む複合的関心から理論的に捉えるハウジング・スタディーズが展開され，住宅と社会階層，政治体制，生活様式・生活構造などとの関連が議論されてきた。これに対し，日本の住宅研究は主として建築学者によって行われてきたために，物理的な住宅への関心が，それを取り巻く階層・人口・家族・福祉・政策といった社会的環境と，十分に接続されてきたとは言いがたい状況があった（久保田 2015）。この視点は，筆者が行う地域社会のフィールドワークとも親和性をもつものであった。地域社会で起こっている空き家という現象を，それを取り巻く社会環境と接続して捉えると

いう発想に結びつくからである。筆者は，空き家問題が地域社会の構造の変動と関連すると考えたのである。

　調査地には，総務省の「住宅・土地統計調査」によって明らかになった，空き家率が高い「和歌山県」を選んだ。知己のある研究者からの情報提供もあり，「空き家対策」に取り組んでいる「高野町」の存在を知り，高野町役場の職員に連絡を取って調査を進めることになった。役場からは町の人口動態や自治体が実施した空き家調査について，可能な範囲で情報提供してもらった。さらに地域住民の厚意もあり，高野町内でアパートの一室を借り，現地で生活を送りながら調査を行えることになった。空き家調査のように，個人のプライバシーに関わる問題の調査では，困難なことがあるものの，筆者の高野町における調査では，自治体も空き家に関する地域住民の意識を把握したいと考えていたため，調査に役場職員が同行することになり地域住民の信頼や協力を得やすかった。

　調査においては，空き家のことだけでなく，それを取り巻く社会的環境に関するデータの収集にも力点を置いた。自治体史の活用，高野町役場や教育委員会からの各種統計や文書資料の提供により，高野町における歴史や文化，人口，産業，交通，教育などの変遷をたどることができた。個別の聞き取り調査においては，空き家に対する意識や現状について聞くだけでなく，空き家に至る経緯や将来的な展望まで，聞き取りを行った。そして，これらのデータは時系列で整理し直した。聞き取り調査では，多くの地域住民が空き家を取り巻く社会的環境についてきわめて長く語った。たとえば，聞き取り調査の対象者は，多くの住民が「便利さを求めて出ていった」と語った。その主な理由は，仕事や子どもの教育，買い物や病院への便利なアクセスなどであった。

分析の進めかた──空き家を通して社会の変化を考える

　データ分析では，地域社会の構造と空き家の生成の関係に重点を置いた。

　高野町には大阪の中心部から鉄道とバスでアクセスでき，かつては通勤・通学にも利用されていたが，本数の減少で使い勝手が悪くなり，自家用車が必須

となった。町内にある世界遺産「高野山」には観光客が数多く訪れるが，その一方で高野山周辺の集落では高齢化と人口減少が進んでいる。子どもの数も減少しており，小学校の存続が危ぶまれる地区もある。通学可能な中学・高校の選択肢が少ないために，町外の学校に進学する者が多い。かつては3世代同居が多かったが，現在60代から下の世代は，親になると子どもを町外に送り出してきた。町内ではかつて農林業が盛んだったが，高度経済成長を経て第3次産業従事者が中心となった。農林業が中心の時代には，人々は自然と密接に関わっていた。伝統行事や地域活動も盛んで，地域住民間のつきあいの機会も多く，暮らしのなかで過去に地域社会に生きた先祖を敬い，未来を生きる子どもたちに地域社会の歴史・文化などを伝えてきた。しかし，ライフスタイルの変化により，地域社会における人のつきあい，先祖や自然との関わりは希薄になった。

　高野町では，こうした地域社会の構造の変化のなかで人々の生活空間が拡大し，人口の流動性が高まった。交通網の変化は人の移動を町外へ向け，産業構造の変化や子どもの教育の問題は，都市への人口流出に直結してきた。多くの住宅は人口減少やライフスタイルの変化を想定しておらず，居住ニーズとのミスマッチが生じ，空き家が増えていったのである。

　地域住民の語りから明らかになったのは，地域社会において空き家自体も問題ではあるが，それ以上に空き家が生じるような生活環境が問題だとということである。空き家の利用や管理については，地域住民にあきらめの意識もあり，その要因は，空き家周囲の自然環境の管理の問題と生活の利便性を高めることの困難さにあった。また，他者の所有物に干渉できない，余裕がない，リスクを請け負えないという状況もある。

　このような空き家が増える背景について，マクロな日本社会における変化と結びつけて考察することを試みた。そもそも戦後日本においては，農村部から都市部へ大量に人口が流入したことで，都市では大量の住宅需要が生じた。他方で，同時に農村社会では人口減少が進み，過疎による問題が指摘された。戦後日本の住宅政策においては，住宅建設を経済成長の原動力とみなす考えかた

があったため，都市部の住宅需要が沈静化した後も住宅建設は続き，住宅の戸数が世帯数を上回り，空き家率は上昇の一途をたどった。もともと日本の住宅には，家と地域社会（ウチとソト）を結びつける土間のような境界空間が存在していたが，戦後日本の住宅は「プライバシーの確保」と「都市化に伴う住宅のコンパクト化」により急速に閉鎖化して完全な私的領域となった（田中2007：40）。個別の「住宅」と「地域社会」の関係が切り離されたことで，空き家が放置されやすい状況が生じたのである。

　以上のように，高野町における空き家増加という現象は，「戦後日本の都市化・産業化という社会変動の結果である」と理解できることがわかった。ある地域社会で起こっている現象や地域の人々が語る言葉の背後には，より大きな社会の変化が確実に潜んでいるということに気づかされたのである。ただし，人々の意識や行動，地域社会のありかたは，マクロな社会の構造に一方的に規定されているわけではない。調査を進めるなかで，管理が難しい自然環境や生活の利便性の低さを，むしろ魅力的な環境と捉えて高野町に移住してくる都市住民も存在した。移住者たちは，地域住民が自覚していない人や地域，先祖，自然とのつながりを肯定的に評価しており，これらは高野町の地域社会の特性ともいうべき点である。このように，ある地域社会ならではの独自性を考えることも，分析においては重要になる。

5　振り返り
—よりよいフィールドワークのために—

　以上を踏まえ，地域社会を対象とするフィールドワークにおいて重要な点を述べておく。
　玉野和志は，地域社会を対象としたフィールドワークの記述・分析に関して，次のように述べている。[5] 社会学的なモノグラフ（特定地域の詳細な調査研究）は，「対象となる人々の階層的位置づけに注意しながら，何らかの政治経済的な制度との接点を模索すべきなのである。そこから，具体的で特殊な形態をまとっ

た社会関係が直接に普遍的な社会のあり方を示すという社会学的モノグラフの魅力が十全に開花していく」という（玉野 2004：90）。玉野の議論の要点は，あらかじめ地域社会の外側になんらかの構造を設定し，それと個々の現象の接点を模索するのではなく，描かれたモノグラフがある種の社会の側面を捉えて浮き彫りにしていることが重要だという点である。特定社会の記述・分析であっても，多くの人々にとって「普遍的に」通じる記述・分析でなければ，その研究は魅力的ではないともいえる。

　実際には，こうしたことを一足飛びに行うのは困難である。そこで，筆者としてはまず地域社会の構造をわかりやすい部分から徹底的に調べていき，それらを個別の聞き取り調査と突き合わせながら，地域社会における人々の生活実態に即したデータの収集と分析を行ってきた。そして，分析からみえてきた結果が，よりマクロな社会のありかたとどのように結びつくのかを考えてきた。筆者は主に農村社会を研究対象としているが，農村に関心がない人でも内容がわかるような記述を心がけ，農村社会だけにとどまらない社会のしくみや問題（性別分業や空き家現象など）を明らかにすることを目指してきたのである。

　自らのフィールドワークを振り返ると，常に地域社会の構造，さらに社会全体の構造と個人の意識や行動の関連を探りながら調査・分析を進めてきたといえる。ただし，注意が必要なのは「階層」という視点である。地域社会のフィールドワークにおいて，詳細に調査ができる対象者の人数は限られている。特に，調査協力者を介して対象者を選定した場合には，特定の階層の人にしか話を聞いていないという偏りが生じやすい。筆者もこの点に注意し，できるだけさまざまな階層の人にアプローチすることを試みてきたが，限界はある。

　筆者の場合は，事例１の調査で試行錯誤したことによって，事例２ではより計画的に調査を進められるようになった。他方で，事例２と比べると，事例１の方が結果的にさまざまな階層の人々への調査ができた。どちらの方がよいというわけではなく，どのような方法にも制約があり，メリットとデメリットがあるということを理解しておくことが大事である。一見すると「効率的」に調査できたようでも，進めかたを間違えるとあらかじめ設定した問題関心に沿っ

て，「調査者がみたい所」「調査しやすい所」を調べただけで，データや分析結果が地域社会における現象のリアリティや人々の生活実態とはかけ離れたものになる恐れがある。

　調査者は，こうしたことを常に気に留めながら，慎重に調査・分析を進めなければならない。そのうえで，地域社会の全体像，さらには社会に普遍的な事象を描き出すためにはどうすればよいのかを常に振り返り，問い直し続けることが重要なのである。

文献案内 📖

①佐藤郁哉，2006，『フィールドワーク——書をもって街へ出よう　増訂版』新曜社。

　フィールドワークの入門的な解説書。フィールドワークという調査方法の概念，歴史，体系，具体的な進めかた，問題点などがわかりやすく整理されており，フィールドワークの概要を把握するのに役立つ。巻末の「文献ガイド」では，さまざまな角度からフィールドワークに関する文献が網羅的に紹介されており，一読をおすすめする。

②植田今日子，2007，「過疎集落における民俗舞踊の『保存』をめぐる一考察——熊本県五木村梶原集落の『太鼓踊り』の事例から」『村落社会研究ジャーナル』14(1)：13-22。

　農村（村落）社会学の立場から，ある過疎集落における踊りの伝承を事例に，それを取り巻く村落社会の構造，文化財をめぐる社会の動向を踏まえ，地域住民にとって踊りが有する意味を考察した論文。①先行研究の的確な整理，②独自の分析枠組みの設定，③農村調査の要点を押さえた綿密な現地調査，④「生活者の視点」からの調査結果の分析，に注目してほしい。

③森久聡，2016，『〈鞆の浦〉の歴史保存とまちづくり——環境と記憶のローカル・ポリティクス』新曜社。

　都市社会学の立場から，日本の地方都市における開発問題について，本章でふれた「階層」を意識した地域社会の調査・分析にもとづいて考察している。特に，第6章において，開発問題をめぐって意見が異なる地域住民を「社会層」という視点から捉え直し，それぞれの多様な論理を読み解いている点に注目してほしい。補遺に記されている著者の調査方法と実体験も含め，地域社会にお

けるフィールドワークの要点を学ぶことができる。

注

(1)　藤田（2006）では，地域社会を社会学的に研究する際に押さえておくべき基本的
　　な視座について論じており，本章の内容もその影響を受けている。

(2)　自治体レベルでの情報であれば，各自治体の公式サイト以外に，総務省統計局の
　　「e-Stat」で各府省が公表する統計データが利用できる。人口構成や産業構造など
　　は，経済産業省と内閣官房提供の地域経済分析システム（RESAS）でも調べられ
　　る。また，各自治体が策定した「総合計画」も活用できる。

(3)　調査と分析の詳細は，芦田（2014）を参照のこと。

(4)　調査と分析の詳細は，芦田（2017a），芦田（2017b）を参照のこと。

(5)　玉野（2004）では，地域社会を対象としたフィールドワークにもとづく古典的な
　　社会学的モノグラフを取り上げ，その意義について論じている。本章では扱えな
　　かったが，関心のある方はこうした古典にふれることを強く推奨したい。

文献

芦田裕介，2014，「なぜ男性が農業機械を使うのか——家族農業労働の編成における
　　テクノロジーとジェンダーに関する考察」『ソシオロジ』59(2)：75-91。

芦田裕介，2017a，「高野山周辺の空き家からみる人口維持システムの変容」『比較家
　　族史研究』31：2-20。

芦田裕介，2017b，「戦後農村における地域社会の変容と家族主義——『空き家問題』
　　を中心に」『三田社会学』22：21-37。

藤田弘夫，2006，「地域社会と地域社会学」似田貝香門監修『地域社会学講座1　地域
　　社会学の視座と方法』東信堂，5-26。

岸政彦，2016，「質的調査とは」岸政彦ほか『質的社会調査の方法——他者の合理性
　　の理解社会学』有斐閣，1-36。

久保田裕之，2015，「ハウジング・スタディーズ」比較家族史学会編『現代家族ペ
　　ディア』弘文堂，307。

玉野和志，2004，「魅力あるモノグラフを書くために」好井裕明・三浦耕吉郎編『社
　　会学的フィールドワーク』世界思想社，62-96。

田中重好，2007，『共同性の地域社会学——祭り・雪処理・交通・災害』ハーベスト
　　社。

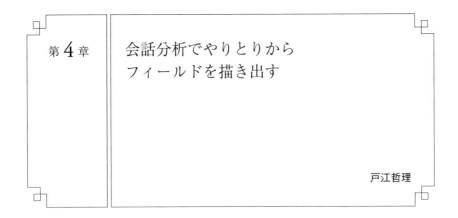

第4章　会話分析でやりとりから
　　　　フィールドを描き出す

戸江哲理

1　社会はやりとりから成り立っている

　社会はやりとりから成り立っている。学校は授業をするために，病院は治療
をするために，裁判所は裁判をするためにあるが，それらはそれぞれ，教師と
生徒の，患者と医者の，弁護士と検察官と裁判官のやりとりがなされる場所で
ある。いや，それらの場所があるから，これらのやりとりがなされるのではな
い。授業や治療や裁判といったやりとりが不断に繰り返された結果，それらの
やりとりに特化した場所が必要となって，ついにはそのための重厚で堅牢な建
物が築かれるに至った──これがむしろ事実に近いだろう。

　教育，医療，司法といった，わたしたちがふだん，その存在をあたりまえと
みなし，ともすれば威圧感すら覚える「制度」は，このようなやりとりがいわ
ば「結晶化」したものなのではないか。そうであるとするならば，個々のやり
とりがこれらの制度を生み出していくしくみを詳らかにすることは，すぐれて
社会学的な課題となるはずである。なぜなら，件の諸制度は，かのデュルケム
（Durkheim 1895＝1978：38-46）が「社会的事実」と呼んだものに他ならないか
らである。では，どのようにすれば，それらのしくみを解明できるのか──こ
の問いに対して，エスノメソドロジー・会話分析は解を与えてくれる。本章で
は，この視座から社会学的な研究を進める手順を紹介する。

　これらの場面でなされるものであれ，それとは別のどこかでなされるもので
あれ，わたしたちは自分たちが用いているやりとりのしくみを，いちいち意識
することはあまりない。それらが身体化されることによって，わたしたちの
日々のいとなみはつつがないものになっているのだ。エスノメソドロジーの創
始者，ガーフィンケルの言葉を借りれば，それらは「見られてはいるが，気づ
かれてはいない（seen but unnoticed）」（Garfinkel 1964：226 = 1989：34）。そのや
りとりのしくみを解明していこうとするのが，会話分析である。

　誰かの発言が終わった後，次に話す人はどうやって自分の発言を始めるのか。
誰かになにかを頼むときに，その言いかたや声の抑揚や視線は，その頼みの強
弱にどう影響を与えるのか。誰かの発言が聞き取れなかったときに，どんなや
りかたで聞き返すのか――わたしたちは日常的にこれらの課題に直面する
（Schegloff 2007：xiv）。これらのしくみを解き明かすこと自体が，固有の，そし
てきわめて深くて広い研究領域だ。むしろ，会話分析の成り立ちを考えるなら，
こちらが会話分析の本分であり，固有の研究領域である。そして，こちらの道
案内を求める人々には，すでに良質のガイドマップがいくつも世に出ており，
ここであえて屋上屋を架けるには及ばない。[1]

　この章ではむしろ，やりとりのしくみを明らかにすることを通じて，教育社
会学だったり，医療社会学だったり，福祉社会学だったりといった社会学の個
別分野，いわゆる「連字符社会学（Bindestrich-Soziologie）」（Mannheim 1932 =
1976）に寄与する道筋を説明することにウエイトを置く。とはいえ，会話分析
を進めるうえでの必要最低限のエッセンスは伝えておく必要がある。まずそこ
から取りかかることにしよう。

2　会話分析の視座

　「会話分析とは会話『の』分析である」。これは会話分析についてのよくある
初歩的な誤解の代表例だろう。本章でいうところの「会話分析（Conversation
Analysis）」とは，1960年代のアメリカはウェスト・コーストで，社会学者の

サックスが，自らの指導教員でもあったゴフマンや，エスノメソドロジーの創始者であるガーフィンケルの影響のもと，ジェファーソンやシェグロフといった共同研究者たちとともに編み出した，やりとりの研究手法であり，研究領域である。つまり，会話分析とは普通名詞ではなく固有名詞なのである。[2]

　では，会話分析はどのような方法論的な視座からやりとりを捉えるのか。それは端的にいって「なぜ今それを（why that now）」という問いに即してやりとりを吟味するということである（Schegloff and Sacks 1973：299 = 1989：191）。先にふれたように，会話分析はエスノメソドロジーの発想を内包している。エスノメソドロジーは，社会秩序を人々が生み出すものとみなし，そのしくみを捉えようとする。したがってやりとりについて検討するにあたっては，そのやりとりに参加している人々自身が直面している問いに定位することになる。それが，「なぜ今それを」の問いというわけである。

　より具体的にいえば，「どんな位置で，どんなやりかたで」そのふるまいがなされたのかを会話分析は検討していく（もちろん，それだけではない。これはあくまで初学者向けの説明だ）。ふるまいの「位置と形式（position and composition）」を吟味するわけである（Schegloff 2007：20）。このことからわかるように，会話分析は発言というか，言語的なコミュニケーションだけを扱うのではなく，非言語的なコミュニケーションをも射程に収めている。「ペン貸して」という要求に対して「いいよ」と言う場合もあれば，頷くだけの場合もあろう。また，このペンを貸すという行為は，言葉だけで完遂することはそもそもできず，手渡すことではじめて実現される。この意味でも会話分析は会話「の」分析ではないのだ。

　また，この「なぜ今それを」という問いと，位置と形式への着目は，やりとりの流れに沿った詳細な書き起こしを要請する。その具体例は以下で示すことになるが，たとえば先の例で「ペン貸して」の後で1秒間の沈黙があるのと，0.3秒間の沈黙があるのとではずいぶん違いがある。前者の場合，もう一度「ペン貸して」と言いたくなるだろうが，後者の場合にその必要はないはずだ。また，低く小さな声で「いいよ」と答えるのと，高く大きな声で「いいよ」と

63

答えるのでも，借りる側の印象はかなり違うはずだ。サックスの共同研究者だったジェファーソンが，この要請に応える書き起こしの手法を考案し，その手法は世界に広がった。[3]

3　会話分析の手順

　大まかに会話分析の視座を説明したところで，具体的な研究の進めかたの説明に移ろう。これについては，田中博子がフローチャート（図4-1）を用いて説明している（田中 2004：73）。じつにクリアに整理されていると思う。データを集め(a)，それを繰り返し見て気になるところを見つけ(b)，その書き起こしを作る(c)。似たようなケースを集め(d)，分析を深める(e)，そして成果を取りまとめる(f)。田中は，(b)から(f)のプロセスは行ったり来たりするものだとし，また作業を進めているうちになにを研究しようとしているのかがわからなくなることもあるとしている。その通りだと思う。まっしぐらに前進するということは，ちょっと考えられない。そして，行ったり来たりするうちに，徐々に問題設定自体が変わっていくのである。

　いくつかのポイントを補足しておこう。まず，やりとりのしくみそのものではなく，それを通じて各種の連字符社会学への寄与を目指す会話分析となった場合，カメラを回してみたい場所が，伝手もなければ，足を踏み入れたこともない場所だということも少なくないだろう。そんななかで，やりとりの収録というハードルの高い調査を許可してくれるフィールドを見つける必要があるわけだから，研究の目的や調査の方法を，わかりやすく丁寧に説明できることが求められる。[4]それは所属する組織の研究倫理審査委員会に対しても同じだ。実際問題としては，(a)のフェーズが最初にして最大の関門となる場合もありうるのである。[5]

　もう一点，分析について重要な補足がある。わたしの知る限り，会話分析の研究者が，一連の研究プロジェクトを通じて，自分のデータを誰にも見せない，見てもらわないということはきわめて稀だ。自分の気になる現象が見つかり，

図4-1　研究のプロセスの見取り図
出典：田中（2004：73）を一部改変。

書き起こしを作った時点，あるいはコレクションを作った時点，さらには自分で分析を進めていて行き詰まってしまったとき，すなわち(c)〜(e)のどこかのタイミング，あるいはそのすべてのタイミングで，会話分析をよく知る人たちに自分のデータを見てもらい，意見を出し合ってもらう場を設ける。この集まりは「データセッション」と呼ばれることが多い。自由に，あるいはなんらかの焦点を決めて，「観察（observation）」（会話分析的な見地からのやりとりの特質）を言ってもらうことで，自分の見かたをあるいは補強し，あるいは修正するのである（場合によってはプロジェクト自体の諦めがつくこともある[6]）。

　最後に，これは補足というよりも強調というべきかもしれないが，データの数のことがある。この図で(d)のフェーズがあることからわかるように，注目している現象と似たやりとりを集めてコレクションを構築することは，（たとえ成果を公表するときには数ケースしか取り上げられないとしても）研究を進めるうえで必要不可欠な作業である。

4　やりとりから制度を捉える

　お気づきのように，前節の手順に則って研究を進めたとしても，それが必ずしも連字符社会学に位置づいた会話分析的な研究に仕上がるとは限らない。たとえば，大学で起こるやりとりはなんでも大学「らしい」もの，あるいは「（高等）教育的な」ものといえるだろうか。答えはノーだろう。昼休みの学生どうしのおしゃべりに興味深いやりとりのしくみを見つけたとしても，それは

誰かの家で遊んでいるときでも見出せることが多いだろう。先に述べたように，そのやりとりのしくみ自体が価値ある発見だが，大学という制度や高等教育という場面を捉えたものとはいえない。シェグロフの言葉を借りるなら，発言とかやりとりの場面に対する「手続き的な帰結（procedural consequentiality）」（Schegloff 1992：110-116），すなわちその場面の特質が発言ややりとりとして具現化されるありさまを捕捉する必要があるのだ[7]。それを上手く捉えたある研究を紹介しよう。

　高齢者介護が現代日本社会の大きなテーマであることは論を俟たない。したがってそれは，家族社会学や福祉社会学にとって重要な研究テーマでもある。介護というと，一緒に暮らしている配偶者や子どもがするものとイメージしがちだが，じつはそうとも限らない。就職や結婚などで親元を遠く離れた子どもたちが，定期的に，ときに半日以上もかけて通っている場合もある。これを「遠距離介護」と呼ぶ。子どもの立場で考えてみると容易にわかるように，これは肉体的にも金銭的にも大きな負担だ（子どものほうもすでに年金生活に入っていたなら，なおさらである）。そんな子どもたちにとって，地域包括支援センターやそこで働くケアマネジャーたちは心強い存在だ。「介護の社会化」である。

　とはいっても，遠距離介護は依然として，子どもたちにとって大きな負担である。だから，ケアマネジャーを交えた介護方針の話し合いの場で子どもは，親にとって望ましい選択と自分にとって望ましい選択の間で苦しい板挟みにあう場合がある。次のやりとりは，そのようなシーンを捕らえたものだ（中川2016）。川上と木村がケアマネジャー，静子が娘である。父親に入ってもらおうと検討している特別養護老人ホームの費用が少し高いようなのである（書き起こしの記号の読みかたについては章末の注(8)を参照してほしい）。

01　川上：　　.hh（.）［ちょっと1ヶ月が9万ちょっとんなると:,　(0.2)
　　　　　　　　　　　　　［((川上の視線は21行目まで静子))

02　　　　　やっぱり,（.）厳しい::,

```
03  静子：  ま:あ [((の:)
04  川上：       [ですよ [ね
05  静子：            [その朝もちょっと [木村さんにはちょっとお話, =
06  木村：                        [こ（こ）だね:
                                [((木村は静子の手元にある書
      類の一部分をペンで指し示す))
07  静子：  =しましたけど:
08       [(0.2)
        [((静子は木村に顔を向けた後, 09行目の途中で顔と視線を川
          上へと移動させて小さく2回頷く))
09  静子：  う:::ん.
10       [(0.2)
        [((川上が素早く3回頷く))
11  静子：  まっ,.hh 私がこうやって帰ってくる分だけでも:, (.)[まあ,
12 (木村)：                                       [うん
13       (0.5)
14  川上：  それ＝
15  静子：  ＝°うん°がありますし:,.hhh（.)ま:私には私の:(0.2)
16       もちろん生活もありますし [:
17  川上：              [°う::ん°
18  静子：  も:, まこういうこと言うのあれで↑すけど:.hhh（.)
19       u う:::ん>やっぱり（.).h それをあれしてまでっていうのは:,
20       (0.7) う::[ん
21  川上：       [°難しいですよ↑ね°
```

「金銭的な理由でこの特別養護老人ホームへの入居は見送られた」。まとめて
しまうと，それだけの話である。だが，つぶさにみると，その選択にケアマネ
ジャーが深く関与していることがわかる。01・02・04行目の川上の発言の形式

をみてみよう。この発言は，月9万円という料金が静子にとって高いかどうかの意向を尋ねるものだ。それは，静子に向いて発されているし，語尾が「ですよね」で終わっている（じっさい，静子は03行目から，これに答えはじめようとしているようにみえる）。そして，その金額が「厳しいですよね」と，それに肯定的な回答が得られやすいように組み立てられてもいる。つまり川上は——ここまでの経緯から静子の懐具合を知っていて——入居を見送る選択に傾いた質問をしているのである。

　静子もこの質問に肯定的な回答をしている。この回答はずいぶん長くなっているが，最後のほうの「>やっぱり（.）.h それをあれしてでっていうのは:,（0.7）う::ん」（19・20行目）というあたりで，どうやら肯定的な回答をしているのだとわかる。

　それにしても長い回答だ。冒頭から言いよどみがあり（03行目），前置きがあり（05・07行目），理由づけがなされ（11・15・16行目），さらに弁解したうえで（18行目），ようやく回答の本体が登場する。しかも，「料金を払う」という肝心の部分は「あれして」とぼやかされている。言いづらそうな様子がありありと伝わってくる。この選択は，静子の出費を避けるという意味で彼女の利益を尊重するものである一方，入居できなくなるという意味で父親の利益を損なうものでもある。静子は，こんなふうに言いづらそうに回答することで，自分がこのジレンマに陥っていることを表現しているわけである。(9)

　静子のジレンマは川上からも見てとれる。彼女は結局，あいまいさが残るかたちで終わった静子の発言の直後に，「°難しいですよ↑ね°」（21行目）と言って，彼女の意思を要約し，このやりとりを締めくくろうとする。川上は静子の選択を後押しするかたちになっているわけである。

　こうしてやりとりに分け入ってみると，この特別養護老人ホームに入居しないという決定は，家族である静子が単独で決然と選択したものではないことが明らかになる。その決定は，彼女の事情をよく理解している川上というケアマネジャーとともに，あるいは彼女に支えられて下されているのである。「介護の社会化」というと，遠くにある抽象的な概念のように思えるが，会話分析は，

こうして私たちが介護の社会化の現場に立ち会っていることを，そしてそれによって遠距離介護が成り立っていることを，思い出させてくれる。

5　フィールドワークで「らしさ」をつかむ

　では，前節で紹介したような，連字符社会学に位置づいた会話分析的な研究，言い換えれば，その場面，その制度，そのフィールドらしいやりとりのしくみを捉えた研究は，どのようにして可能になるのだろうか。[10]

　その重要なポイントとしてわたしは——いささかあたりまえのことではあるが——そのフィールドについて可能な限りよく知るということを挙げたい。これは個人的な経験にもとづく見解だ。わたしは子育てひろばという子育て支援の現場で長らくフィールドワークを続けてきた。当初，わたしは母親どうしの悩みの分かち合いや，助言のしかたに興味をもっていた。それはそれで成果を取りまとめることができたのだが（戸江 2018a：149-176），子育てひろばでの月2回のボランティアを続けるなかで，しだいにそこにやってくる母親たちや，その支援をするスタッフたちにとって，どうやって母親どうしのつながりをつくるのかということが重要な課題であることも見えてきた（実際，子育てひろばのスタッフ向けのマニュアルなどには，そういう支援のしかたについても書いてある）。ボランティアとして働くなかで，同じようにそこに注意を払っている自分がいることに気づくようになったのである。フィールドに入った当時は見えていなかった，子育てひろばらしいやりとりが見えてくるようになったということである。

　この気づきをもたらしたものは，それなりの期間と密度で子育てひろばに通い，ボランティアとしてさまざまな情景を目にし，また母親やスタッフとあるいは短く，あるいは長く話し，スタッフの研修会を含む諸々のイベントに参加し，子育てひろばや関連団体が発行する各種の資料を集めることだったように思う。要するに，子育てひろばという「社会的世界（social world）」の住人になることが，新たな気づきをもたらしたのだと思う。会話分析はやりとりのし

くみを通じて社会的世界を解明しうるのである。母親どうしのつながりをつくるスタッフのふるまいが見られる例を紹介しよう。

　松川は別の母親と連れ立ってこの子育てひろばにやってきた。しばらくずっと2人で話をしている。タクミは松川の息子である。そこに石井という別の母親がひとりでやってきた（娘はメイ）。スタッフの伊吹，そして戸江が同じ部屋にいる。

```
01タクミ：　（（おもちゃのオレンジを摑んだ右手を背に回し，そのオレンジ
　　　　　　　を落とす））
02 松川：　　あっ［オレンジ（離れた）
03 石井：　　　　［あ［オレンジ（…………）
04 戸江：　　　　　　［あオレンジ.
　　　　　　　（（と言ってからそのオレンジを摑む））
05　　　　　　（1.0）
06 松川：　　いやっ関係なく［やってる
07タクミ：　　　　　　　　　［（（向かい合って座っているメイの横に物を投げる））
08 伊吹：　　［タクミくんい［っさ-1歳なって°るんで［すが°
　　　　　　　［（（顔を松川に向け，右手をタクミに向ける））
09 松川：　　　　　　　　　［おお⁚⁚
10 石井：　　　　　　　　　　　　　　　　　　　　　　［（（顔の前の髪の毛
　　　　　　　を左右に分けた後，顔を松川に向ける））
11 松川：　　［あっあの⁚今月はつかでいっ-1歳です.
12 石井：　　［ああ⁚
13 伊吹：　　［↑へ⁚じゃメイちゃんとあんま変わ［らへんや:ん
　　　　　　　［（（メイ，タクミ，メイ，タクミという順で顔を向ける））
14 石井：　　　　　　　　　　　　　　　　　　　　［ほんまや⁚
15　　　　　　［一緒-
16 松川：　　［あ何月です（か）？
```

17　石井：　　12月［6日<ruby>むいか</ruby>で1歳です

　　　　　　　　　［((メイを指差す))

18　　　　　(0.3)

19　松川：　　↑あ::ほんじゃほとんど一緒です［ね::

20　石井：　　　　　　　　　　　　　　　　　　［ねえ

21　　　　　(1.1)

22　松川：　　もう<歩きだしました>？

　　((この後，子どもたちが歩くときの様子についての話が少し続く))

　　タクミが1歳になっているかどうかを松川に尋ねる，08行目の伊吹の質問に注目しよう。松川もタクミもずっとこの場にいたわけだから，伊吹はここまでのいつでもこの質問をできたはずだ。「なぜ今それを」。この発言がなされた位置に注目しよう。この発言の直前では，タクミがおもちゃのオレンジを取り落とし，その場にいる全員の注意がそこに集まっている（01～06行目）。その場にいる人たちの注意が散けているときよりも，みんなで一緒に話を始めやすい環境といえる。この「みんな」には石井も含まれる。実際，彼女は伊吹がこの発言を言い終わらないうちに早くも，これから始まろうとしているやりとりに参加する準備を整えている。すなわち，顔の前の髪をかき分け，顔を松川に向けている（10行目）。

　　松川が11行目で回答すると，伊吹はメイとタクミを順番に見ながら，両者の齢が近いことを口にする（13行目）。ただし，「あんま変わらへん」ことを知っている以上，「メイちゃんも1歳くらいやねん」と言うこともできるにもかかわらず，そこには言及していない。そうすることによって，松川が石井にメイの生まれ月を尋ねるチャンスが生み出されている（16行目）。こうして，それまで言葉を交わしていなかった母親たちのやりとりが続いていく（17行目～22行目）。伊吹の発言はそのきっかけを提供するものだった。そして，これこそ子育てひろばのスタッフとしての仕事，子育てひろばらしい発言なのである。

6　会話分析入門「一歩前へ」

　他の社会学の研究手法がそうであるように，会話分析もまた技術である。会話分析の本や論文を読むことはもちろん大切だが，具体的なデータと向き合って分析の技術を磨くことの重要性はなにものにも代えがたい。自学だけでそれを身につけようとするのは無謀というものだ。会話分析を本格的に学ぼうとするなら，確かな腕をもった研究者のもとで，あるいは会話分析を専門とする研究者たちの集まりでトレーニングに励むことが必要不可欠である。[11]

　この意味で会話分析の門は確かに広くない。「力を尽くして狭き門より入れ」という『新約聖書』の言葉は，会話分析に似つかわしい。求道者の趣がある会話分析の徒は，周囲から「なにもそこまでしなくても……」と呆れられることもしばしばである。

　だが，会話分析への道にはいくつもの門が連なっている。各人の身の丈に合わせて徐々に狭い門へと進めばよいとわたしは思う（わたし自身もその途上にいる）。たとえば，まずは家族や友達などの身近な人たちのやりとりを収録させてもらい，その「上映会」を同じ興味・関心をもつ仲間たちと一緒に催してみてはどうだろう。家族や友人関係もまた「制度」なのだから。スマートフォンでもかなりクリアな画質・音質のデータは得られる。書き起こしがあれば，なおよい。本章で示したいくつかの着眼点を念頭において観察を出し合えば，相乗効果が生まれて実りのある会になるかもしれない。[12]

　会話分析が本質的に修練を要請するものである以上，本章は正しい意味での入門たりえていない。これはむしろ，会話分析へと続く最初の門の前まで読者を案内するものだった。今，ここまで読み終えたあなたが，門に向かって「一歩前へ」踏み出す気持ちになっていたなら，嬉しい。

文献案内 📖🖊

①ハーヴィー・サックス／エマニュエル・A・シェグロフ／G・ジェファーソン（西阪仰訳），2010，『会話分析基本論集——順番交替と修復の組織』世界思想社。

　本章では，会話分析によってやりとりの検討から社会的世界を描き出すまでの道程を案内した。そのような研究を支えるのは，やりとりのしくみについての堅実な知見である。本書は，順番取得組織と修復組織のそれぞれについて，その礎を築いた2本の論文から成る。

②エマニュエル・A・シェグロフ（西阪仰訳），2018，『会話分析の方法——行為と連鎖の組織』世界思想社。

　同じく会話分析のベーシックスの和訳である。こちらは，連鎖組織についての論文と行為の構成についての論文を収めている。タイトルにもなっているが，後者の論文では会話分析の泰斗である著者が研究の進めかたについての説明もしていて，その意味でも有意義だ。

③西阪仰・早野薫・須永将史・黒嶋智美・岩田夏穂，2013，『共感の技法——福島県における足湯ボランティアの会話分析』勁草書房。

　冒頭でも書いたように，制度というと病院や学校のように堅固なものを連想しがちだが，社会的世界と捉え直すなら，それは星雲のように豊かで広やかだ。東日本大震災で各地に設置された避難所もその一例だが，本書はそこで暮らす人たちとボランティアたちとのマッサージを通じた語らいという，避難所らしいやりとりに照準を合わせている。

注

⑴　信頼できる書き手たちによる近年の入門書として，高木ほか（2016）や串田ほか（2017）がある。社会学を学ぶ読者としては，まず串田ほか（2017）を手に取るとよいだろう。

⑵　したがって，会話を分析する手法は，会話分析以外にもさまざまなものがあるということでもある。それらと比較した場合の会話分析の方法論的な特質については，高木ほか（2016：9-47）に詳しい。

⑶　高木ほか（2016：27-37）には，ジェファーソン方式で書き起こす方法の詳しい解説があるので，初学者は書き起こしに先立って目を通しておくとよい。

⑷　西阪ほか（2008：228-233）には，彼らが診療所と助産所の調査で実際に用いた依頼書と同意書が付されているので，これらの書類を作成するにあたって参考にす

るとよい。

⑸　洋書にはなるが，Heath et al.（2010：37-60）には会話分析的な研究でのやりとりの収録をめぐるノウハウがコンパクトにまとめられていて便利だ。

⑹　データセッションにおいては，やりとりをしている人たちの立場や役割，あるいは関係性といったバックグラウンドを読み込むことは避けたほうがよい。それは往々にしてやりとりをしている人々自身が直面している問題を見失わせてしまうからだ（Schegloff and Sacks 1973：291-292＝1989：179）。

⑺　このような制度をめぐる会話分析の研究は，「制度的場面（institutional settings）」の会話分析と呼ばれてきた（Drew and Heritage eds. 1992）。串田ほか（2017：274-310）は，この種の研究について，日本における豊富な具体例を用いて説明していて有益である。

⑻　ここからのやりとりの書き起こしで用いている記号の意味は次の通りである。

.	：語尾が下がっている
,	：語尾が平らである
?	：語尾が上がっている
↑	：直後に声がかなり高くなっている
::	：語尾が延びている。コロンが多いほど，延びが長い
-	：声が途切れている
>	：急いで始まっているように聞こえる
°文字°	：声が相対的に小さい
文字	：声が相対的に大きい
[	：上下行の発言・ふるまいが同時に始まっている
=	：上下行の発言が途切れずにつながっている
（文字）	：発言の内容，あるいは発言した人がはっきりしない
（……）	：発言が聞き取れない
（数字）	：数字の長さ（0.1秒刻み）の沈黙がある
（.）	：0.2秒未満の沈黙がある
.hh	：息を吸う音がしている。ローマ字が多いほど，長く音がしている
（（文字））	：分析者による注記。身体的なふるまいであることが多い

⑼　川上の質問と静子の回答の間に成り立つ「選好組織（preference organization）」（高木・細田・森田 2016：148-176）からすると，すぐに差し出されるべき肯定的な回答（の本体）が，ここでは延々と遅れている。わたしたち（と川上）が，静子の言いづらそうな様子に，自分の都合を優先することへの葛藤を読み取れる理由は

　ここに求められる。

⑽　本節で述べることは，戸江（2018b）でより詳しく説明している。

⑾　日本エスノメソドロジー・会話分析研究会のホームページ（日本エスノメソドロ
　　ジー・会話分析研究会 2022）には，このニーズに応える情報が掲載されている。
　　近年では初心者を対象とした講座も定期的に開催されている。

⑿　収録するのも気が進まないという人には，TalkBank の利用をおすすめしたい
　　（TalkBank 2022）。日本語を含めた諸言語の電話での家族や友達のやりとりが，一
　　定の条件のもとで利用できるようになっている。

文献

Drew, Paul and John Heritage eds., 1992, *Talk at Work : Interaction in Institutional Settings*, Cambridge University Press.

Durkheim, Émile, 1895, *Les règles de la méthode sociologique*, Félix Alcan.（宮島喬訳，1978，『社会学的方法の基準』岩波書店。）

Garfinkel, Harold, 1964, "Studies of the Routine Grounds of Everyday Activities," *Social Problems*, 11（3）：225-250.（北澤裕・西阪仰訳，1989，「日常活動の基盤——当たり前を見る」ジョージ・サーサス／ハロルド・ガーフィンケル／ハーヴィー・サックス／エマニュエル・A・シェグロフ『日常性の解剖学——知と会話』マルジュ社，31-92。）

Heath, Christian, Jon Hindmarsh, and Paul Luff, 2010, *Video in Qualitative Research : Analysing Social Interaction in Everyday Life*, Sage.

串田秀也・平本毅・林誠，2017，『会話分析入門』勁草書房。

Mannheim, Karl, 1932, *Die Gegenwartsaufgaben der Soziologie*, Verlag J. C. B. Mohr.（朝倉恵俊訳，1976，「社会学の現代的課題——その教授形態」カール・マンハイム『マンハイム全集3 社会学の課題』潮出版社，269-329。）

西阪仰・高木智世・川島理恵，2008，『女性医療の会話分析』文化書房博文社。

中川敦，2016，「遠距離介護の意思決定過程の会話分析——ジレンマへの対処の方法と責任の分散」『年報社会学論集』29：56-67。

日本エスノメソドロジー・会話分析研究会，2022，「エスノメソドロジー・会話分析研究会」（http://emca.jp）。

Schegloff, Emanuel A., 1992, "On Talk and its Institutional Occasions," Paul Drew and John Heritage eds., *Talk at Work : Interaction in Institutional Settings*, Cambridge University Press, 101-134.

Schegloff, Emanuel A., 2007, *Sequence Organization in Interaction : A Primer in Conversation Analysis*, vol. 1, Cambridge University Press.

Schegloff, Emanuel A. and Harvey Sacks, 1973, "Opening up Closings," *Semiotica*, 8 : 289-327.（北澤裕・西阪仰訳，1989，「会話はどのように終了されるのか」ジョージ・サーサス／ハロルド・ガーフィンケル／ハーヴィー・サックス／エマニュエル・A・シェグロフ『日常性の解剖学——知と会話』マルジュ社，175-241。）

TalkBank, 2022, "The TalkBank System"（https://www.talkbank.org）.

高木智世・細田由利・森田笑，2016，『会話分析の基礎』ひつじ書房.

田中博子，2004，「会話分析の方法と会話データの記述法」山崎敬一編『実践エスノメソドロジー入門』有斐閣，71-98。

戸江哲理，2018a，『和みを紡ぐ——子育てひろばの会話分析』勁草書房。

戸江哲理，2018b，「会話分析とフィールドワーク——やりとりのしくみの解明と社会的世界の解明」平本毅・横森大輔・増田将伸・戸江哲理・城綾実編『会話分析の広がり』ひつじ書房，127-162。

第Ⅱ部　文書資料を読む

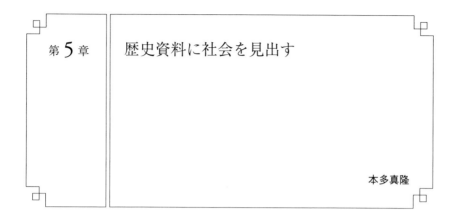

第5章　歴史資料に社会を見出す

本多真隆

1　なぜ歴史をみるのか

社会学と歴史資料

　あなたが「歴史」に関心をよせてこの章を開いた理由はなんだろうか。社会学は必ずしも歴史を対象とする学問ではない。社会調査といえば，統計を駆使した計量的研究や，インタビュー調査などの質的研究を想像する方も多いだろう。

　とはいえ，ヴェーバーの『プロテスタンティズムの倫理と資本主義の精神』（Weber 1920＝1989）をはじめとして，歴史的な視点を重視した社会学の古典は数多くある。大きめの書店の社会学コーナーをみれば，『○○の歴史社会学』というタイトルの本をいくつかみつけることもできるだろう。バーガーが，「歴史学者と何度も会話を交すことがなければ，社会学者の旅は非常に貧しいものになるだろう」（Berger 1963＝2017）と述べているように，多くの社会学者たちは，歴史をみることから社会学的なインスピレーションを得てきた。

　だが，あなたがなにかのきっかけから，歴史資（史）料を用いる社会学研究をはじめようと考えたとしても，そもそもなぜ「歴史」をみるのか，あるいはどこから手をつけたらいいのかわからないということも多いのではないだろうか。

　歴史的な視点を重視した社会学研究は，歴史社会学（的）研究と総称される

が，質的に歴史資料を読み込むものや，計量的に分析するものなど，さまざまな研究がある。

　またひとくちに「歴史社会学」といっても，日本国内と海外では文脈がやや異なる。たとえば英語圏では，マクロな社会変動を国や地域を超えて比較して一般法則を探る，比較歴史社会学的な手法が主流をなしてきた。海外の多様な歴史社会学の方法論や知見を擦り合わせる試み，そして国内でも分野を超えて歴史社会学の課題を共有していく試みは，近年ようやく端緒についたばかりだといえる。実際，国内において歴史社会学の方法論を概説した教科書的テキストはほとんどない。

　本章では，主要な読者を学部生や大学院生をはじめとした社会学に関心がある／学習している人と想定し，レポートや卒業論文などの執筆に資する材料の提供を目的とする。そのため，歴史社会学とはなにかという問いには深くは立ち入らず，歴史資料を用いた社会学研究というやや広い括りで，国内の研究成果を主に参照し，そのエッセンスや，実践的なアドバイス，注意点に議論を限定したい。

　もちろん，このように議論を限定しても，歴史資料を用いた社会学研究にはさまざまなモデルやケースが考えられるだろうし，実際に数多くの研究が蓄積されている。とはいえ「社会学」としてのある程度の共通項を見出すことができないわけではない。歴史資料を用いた社会学研究の課題をあえて乱暴にまとめてしまえば，ある不特定多数の人々に共有されている社会的通念，慣習，行為などを歴史的に捉えなおすことだといえるだろう。たとえば先に挙げた『プロテスタンティズムの倫理と資本主義の精神』も，不特定多数の人々に共有されている，近代資本主義を推し進めた「倫理（エートス）」の形成を扱った研究である。

　さて，ここで問題となるのは，歴史資料からどのようにして不特定多数の人々に共有されている社会的通念，慣習，行為などを抽出するかということである。たとえばあなたが明治期の文献資料を扱うとしても，その多くはある特定の個人が書いたものである。ではどうすればそこから特定の個人を超えたも

のを見出すことができるのか。換言すれば，歴史資料を用いた社会学研究の課題の1つは，資料からいかにして個人を超えた「社会」を見出すかということにあるといえる。

文献資料から「社会」を読み解く

　ひとくちに歴史資料といってもさまざまなものがある。文献資料だけでなく，口頭伝承や聞き取り調査の記録，映像資料，また遺物や遺跡なども挙げられよう。社会学においては，過去に実施された各種の統計調査からあらためて知見を導き出すことも少なくない。

　第Ⅱ部では文献資料(2)を主たる対象として話を進める。この設定は，歴史資料を用いた国内の社会学研究では文献資料に着目するケースが多いことと，計量的研究については第Ⅲ部で解説するという，便宜的な理由による。

　もちろん，文献資料から読み解けることはさまざまにある。それを踏まえたうえで，文献資料から「社会」を読み解く手がかりとして考えたいのは，その文献が書かれた時代の言葉の使いかたである。

　わたしたちは言葉を介して他者とコミュニケーションをとっており，そうした相互作用の集積から社会は成り立っている。そしてわたしたちの日々の言葉の使いかたは，わたしたちがなんらかの考えや意図をもって紡ぎ出しているものでもあるが，ある社会の言葉の構造（「言説」とも呼ばれる）のなかで行われているものでもある。さらにこの言葉の構造は歴史的に変動する。

　それはどういうことか。実際に過去の資料をみていると，現在とは異なる言葉の使いかたや発想にでくわすことがある。たとえば筆者は近現代日本の「家族」に関する文献資料を中心に研究をしているが，その資料のなかに吉原をはじめとする遊郭の経営者たちが，自分の店で働く女性たちとの関係を，「家族（的）」であると主張するものがあった。戦前期の日本では遊郭（公娼制度）が公認されており，そこではしばしば幼いときに貧しい農村から身売りされた女性たちが借金を背負わされたかたちで，半強制的に性産業に従事していた。そのような女性たちとの関係を経営側は「家族」と呼んでいたのである（本多

2018）。

　この文献資料からは，「家族」という言葉の使いかたに限定してもさまざまな問いが想起される。なぜ血縁関係にない被雇用者たちとの関係を「家族」と呼ぶのか。性産業に従事させていることは「家族」であることと矛盾しないのか。そもそも「家族」という言葉の意味が現在とは異なるのではないか。だとしたらこの言葉の使いかたは当時は説得力があったのか。あったとすれば，それはどのような社会なのか。あるいは現在でも会社の人間関係を「家族」と呼ぶことがあるように，この言葉の使いかたは，じつはかたちを変えながら連綿と続いているのではないか……，などである。

　ここまで遡らなくても，言葉の使いかたの変化はさまざまなところで確認することができる。たとえば現在の日本社会では「貧困」という言葉がメディア上の言論を彩っているが，2008〜09年に年越し派遣村の村長を務めた湯浅誠によれば，1990〜2002年に『朝日新聞』の見出しに「貧困」という言葉が使われたのはわずか7回で，彼自身が2005年に刊行した著書でも，その言葉は一度も使わなかったという。実際にはこのころにもさまざまな貧困問題があったが，リアリティのある言葉としては流通していなかったのである（小熊 2011）。

　要するに，文献資料から読み取れるのはまず，その時代その社会における言葉の使いかたである。それを読み取ることは，その言葉の使いかたによるコミュニケーション，そしてそのコミュニケーションを成り立たせている社会のありかたをみることにつながる。現在とは異なる言葉の使いかたを観測できれば，過去の社会はどのようなものだったのか，それは現在とはどのように異なるのかを考えることができ，あるいは反対に同じような言葉の使いかたがあれば，その言葉の使いかたを成り立たせているような社会はいつごろから成立してきたのかを考えることができる。

　こうした過去の言葉の使いかたは，インタビュー調査では必ずしも明らかにならないことである。あなたが知りたいと思う過去の事象を語ることのできる存命者がいれば，その知りたいことの一端はインタビュー調査でも明らかにすることができるだろう。しかし記憶違いもあるだろうし，また現在の言葉の使

い方のなかで行われるインタビュー調査では，過去の言葉の使いかたが明らかになるとは限らない。過去の言葉の使いかたは，その時代に生きている者同士のコミュニケーションのなかで共有し成り立っているものだからである。文献資料を利用するメリットの1つは，こうした過去の言葉の使いかたが，そのままのかたちで保存されていることにある。

　もちろん，文献資料にもさまざまな制約がある。そもそも文字でなにごとかを書き残すことができるのはある特定の立場の人々であるし（遊郭で働いていた女性たちの言葉は経営者のものほど書き残されていない），そこに書かれていることが実態そのものを指し示すとは限らない。たとえば1990～2002年のマスメディアでは「貧困」という言葉がほとんど使われていなかったからといって，貧困がなかったといえるわけではない。ほとんど使われていなかったということから読み解けるのは，貧困があるにもかかわらず，それが意識になかなか上らない社会の関心のあり様である。

　とはいえ，わたしたちは言葉を用いてなにごとかを認識し，語りあっている以上，文献資料から読み解けるもののなかにも，その社会の一端を明らかにするうえで重要な要素が含まれていることがあるだろう。なぜ社会学で「歴史」をみるのかといえば，歴史資料との対話を通してでしかみることができない社会学的な知見があるからである。それは過去の社会のあり様でもあるし，過去の社会をみることで浮かび上がる現在の社会のあり様でもある。

　わたしたちの身の回りの社会的事象には，なんらかの歴史的経緯が積み重なっている。まずは興味がある社会的事象の歴史を調べるのもよいし，身の回りの言葉の使いかたの変化を調べることから考えはじめるのもよいだろう。わたしたちがあたりまえに使っている言葉やものごとの語りかたはいつごろから流通してきたのか，このような素朴な疑問が大きな発見につながる場合もある。以下では，実際に研究を進める手順や注意点をみていこう。

2　資料の集めかた

テーマ・仮説の設定

　どの研究にも共通することであるが，学術的なレポートや論文を書くには
テーマを設定する必要がある。基本的には，テーマを設定し，仮説をたて，調
査を開始する，という順序となる。

　とはいえ実際の作業は，この順番通りにいかないことが多い。歴史資料を用
いた研究を進める場合，むしろある程度の学習や資料探しを進めないと，テー
マに関して「なにを」「どこで」「どのように」探せばいいのか，判断がつかな
いことは少なくない。

　本節では一例として，あなたが「恋愛」をテーマとして，過去の文献資料を
用いた研究をしたいと考えていると想定して話を進める。すでに多くの研究が
なされている分野なので，それらがどのような資料を扱い，分析してきたかを
紹介しながらみていこう。「恋愛」の代わりに，あなたが関心をもっている題
材をあてはめれば，応用がきくだろう。

　まず「恋愛」について研究してみたいという程度まで定まっているなら，先
行研究を読むことをすすめる（先行研究の探しかたは周囲の専門家に聞くか，第8
章を参照）。そして，まずは定説を確認していくとよい。たとえば社会学の教科
書の定番であるA・ギデンズの『社会学 第5版』（Giddens 2002＝2005）を読む
だけでも，「恋愛」（ロマンティック・ラブ）にもとづく結婚は近代以降に定着し
たものであることがわかる。あるいは，ひとまず手にとった論文の「先行研
究」の記述を読むだけでも，定説とされている知見をある程度は把握できるだ
ろう。こうした読解を繰り返していくうちに，だんだんと「恋愛」についてす
でにどのようなことが明らかになっているのかがわかり，そしてあなたがなに
を知りたいのか，たとえば日本において「恋愛結婚」はどのように受容されて
きたのかや，一対一の男女以外の「恋愛」はどのように語られてきたのかなど
関心が絞られてくる。

　学術論文執筆の定石からいえば，先行研究を精査したうえでテーマを定め，それから資料探しに移るのが筋ではあるが，関心がおぼろげながらでも絞られているなら，まず資料探しにとりかかるのもよい。歴史資料を用いる研究のある意味での取っ付きやすさは，あなたがテーマを決め，図書館や資料館などに行きさえすれば，研究を始められるところにある。逆に難しさは，資料が無限のようにあり，なにをどこまで集めればいいのか見当がつきにくいところにある。歴史資料を用いる研究の要点の1つは，テーマに沿った資料をいかに探すか，あるいはその資料がテーマに沿っているといかに根拠づけるかにあるといえる。

　実際に，歴史資料を用いる研究では，資料探しと同時並行的に仮説を組み立てることも少なくない。ある関心を中心に資料探し（予備調査）を行いその調査をもとに仮説を立てる。さらにその仮説をもとに調査を行い，仮説に問題があればまたあらためて仮説をたてる，という具合である（仮説生成型研究とも呼ばれる）。

一次資料と二次資料

　もっともいきなり資料探しに行けといわれても，途方に暮れることも多いだろう。まず明確にしておきたいのは，なにが「一次資料」にあたるかということである。分野によって定義は異なるが，基本的には研究対象に直接関わるものが「一次資料」であり，間接的に関わるものが「二次資料」と呼ばれる。たとえば，あなたが「恋愛」に関する明治期の議論に大きな影響を与えた北村透谷という文学者に着目したとする。この場合，透谷が直接執筆したとされる著作や日記などが一次資料であり，彼に関して同時代に書かれたこと，たとえば伝聞や評論，また後世に書かれた伝記や研究は二次資料となる。歴史資料を用いる研究でなにより重要なのは，一次資料にもとづいて議論を組み立てることである。

　とはいえこの資料の区分は，研究テーマによっても変わってくる。たとえばあなたが，北村透谷の恋愛論は同時代にどのように受容されたかをテーマとす

れば，透谷が直接執筆したものではなく，彼の恋愛論について同時代に書かれたもの，語られたものが一次資料となる。

　重要なのは，研究テーマに沿った一次資料をみつけることである。いいかえれば，研究の問いを明らかにするうえで，代表性があるとみなされる資料をみつけることが重要だ。たとえばあなたが，日本において「恋愛結婚」はどのように受容されてきたのかというテーマをたてて必要な資料をくまなく集めようとすれば，明治期以来の「恋愛結婚」に関するありとあらゆるテキストに目を通すことが必要になるだろう。しかしそのような作業はほぼ不可能である。研究を進めるうえでは，テーマを詳細に絞ることと同時に，どのような資料が「恋愛結婚」にまつわるありとあらゆるテキストのなんらかの面を縮約しているか，つまり代表性があるといえる資料かを明確にしなければならない。

　歴史研究に限らず，質的研究はしばしば「職人芸」に喩えられる。「職人芸」であるというのは，初学者にはなかなか真似できない「カン」が大きな影響を及ぼすのではないかということだ（研究が恣意的だという揶揄でもある）。歴史資料を用いる研究において「職人芸」的な要素を1つ挙げるとすれば，適切な資料をみつける／位置づける作業にあるといえるだろう。

　だが実際は，適切な資料をみつける／位置づける作業は必ずしも職人芸的なものではない。というのも，あるテーマにとってなにが重要な資料とされているかについては，専門家間で一定の共通理解が形成されていることが多いからである。あなたの近くにもし歴史資料を用いる研究の専門家がいれば，テーマに当てはまりそうな資料は何かを聞いてみるとよい。あるいは先行研究と同じ資料を使うのも手である。あなたが先行研究とは異なる切り口を設定すれば，同じ資料を用いても，新たな知見を導く研究となるかもしれない。

　もっとも，なにが重要な資料であるかという共通理解は，テーマが異なれば専門家でも判断が難しくなる。あなたがこれまであまり論じられていないテーマを選んだ場合，自分自身で資料を探し，その資料がいかに重要であるかについて説明する必要がある。

　以下では国内の社会学研究を参考に，テーマによってどのような資料が選択

されるのか，あるいは資料からどのようなことが読み取れるのかということについて，大まかなガイドラインを提供したい。

言葉や語りかたを問い直す

　あなたがあるテーマを歴史的な視点から考える場合，そのテーマにまつわる言葉の由来をみることは，有効な手段の1つになる。たとえば「恋愛」という言葉が日本でいつどのように発生したかを調べるということだ。

　この場合は，知識人が書いた文献を資料にすることが多い。なぜなら知識人は，わたしたちが用いる言葉や語りかたの創出に関わる，すなわち不特定多数の人々に共有されるものの見かたや考えかたに影響を与えたり，その代弁者であったりするからである[3]。ここでいう知識人とはたとえば，著名な思想家，作家，評論家などメディア上に多く登場する人物や，研究者，法曹関係者など特定の専門をもつ人物である。

　実際に「恋愛」という言葉は，「Love」の翻訳語として明治期の知識人たちが普及させたものだった（柳父 1982）。なぜこの言葉が新しく創られたかというと，当時の日本には「Love」に相当する日本語がないと考えられたからである。西洋文明の輸入に努めていた明治期の知識人には，それまでの日本にあった「色」や「恋」という言葉は，当時の男性が男女関係をもつ主要な場であった遊郭での肉体関係を想起させるものであり，「Love」という言葉で含意される，精神的に結びつけられた一対一の男女関係を表現するにはふさわしくないものと映った。そのため新たな言葉が模索されたのである。

　ほかにも，あるテーマにまつわる語りかたや考えかたに注目するということもある。たとえば恋愛ということでいえば，恋人同士が互いに他の異性と性関係をもつことを避けるような，場合によっては結婚まで性関係をもたないような，恋愛と貞操観念を結びつける語りかた，考えかたである。こうした一見するとあたりまえのようにみえるものでも，歴史を調べるとさまざまな変遷をたどっているとわかるケースもある。たとえば牟田和恵（1996）は，与謝野晶子をはじめとする明治末期〜大正期に活躍した女性知識人たちの文献から，貞操

観念の変容を読み解いている。近世の農村では，婚姻前の女性の貞操はさほど重視されておらず，性交渉と婚姻は必ずしも結びつくわけではなかった。しかし女性知識人たちは，婚姻前の貞操を自我の発露と強く結びつけ（当時は女性が貞操を論じること自体まれだった），それまではたんに未婚の女性を指す言葉であった「処女」や「貞操」の価値を主張していった。もちろんこうした議論は一部の階層の人々の間でなされていたものではあるが，その後に流通していった貞操に関する語り方のルーツの1つと捉えることもできる。

　つまり，ひとくちに「恋愛」といってもさまざまな語りかたがありうる。そしてわたしたちはこうした恋愛と関係する言葉を知らず知らずのうちに使用し，内面化している。歴史資料を用いる研究で知識人の文献を扱う理由の1つは，わたしたちが使う言葉の発生や流通にしばしば深く関わっているからである。それを検証することは，知識人を取りまく同時代の社会変動，そして現代のわたしたちのものごとの語りかたや規範などを捉える契機となるのである。

　資料の収集に関しては，テーマに沿った知識人をいかに特定するかが重要になるが，万能なみつけかたはない。基本的には，テーマに関連する先行研究や関連書籍を読んで，重要と思われる人物の文献をチェックしていくのがよい。あるいは，斉藤孝・西岡達裕（2005）所収の「文献をさがすための文献一覧」などをもとに，テーマに関する資料集や文献選集をチェックするのも有効である。こうした資料集や文献選集の類には専門家による「解題（解説）」が付いていることが多く，編者がどのような関心で文献を選択しているかに注意する必要はあるが，当該分野の研究動向や主要人物，主要著作を把握するのに便利である。

不特定多数の人々に共有されている価値観を探る

　前節のように知識人の文献を資料にする場合，その人物がある概念なり語り方なりの発生に深く関わっていたり，同時代ないし後世に強い影響を及ぼしていたりすることを確認できていれば，少ない標本でも研究が成り立つことはある。とはいえ，そうした概念や語りかたが社会にどのように流通していたかを

探るうえでは，不特定多数の人々に共有されている価値観をみる作業が重要になる。

　ひとくちに不特定多数の人々といってもその範囲はさまざまであるが，ある時代のある社会の人々に共有されている価値観を探るうえでは，新聞・雑誌記事などのマスメディアに着目することが多い。こうしたマスメディアには，一般読者の投稿欄などもあり，特定の地域に限定されない広範囲の人々の語りが収集できるため，ある時代の不特定多数の人々に共有されている価値観などを分析することに向いている（詳しくは第6章を参照）。先に挙げた知識人の文献との扱いかたの違いとしては，通常は個人名では扱わない，つまり1人〜数人程度の語りでは代表性を担保しにくいことが挙げられる。そのためこうした資料を用いる場合は，ある新聞に載った数十年分の読者投稿欄などのように広い範囲で収集することが多く，量的な手法を応用することも少なくない。

　一般の人々のことを探るうえでは，各地方の民俗誌，郷土誌などを参照することもある。たとえば前近代社会には「夜這い」をはじめさまざまな男女交際の慣習があったものの，これらは今日では，資料を通じてでないとなかなか知ることができない。とはいえ民俗誌や郷土誌などの資料は精度がまちまちであり，扱う場合は，編纂の目的，調査の方法，なにより地域ごとの多様性に注意したうえで使用することをすすめる。

　不特定多数の人々の範囲を狭く捉えれば，各種民間団体，宗教団体や社会運動，または一定の文化，風俗を共有している人々のことなども考えることができるだろう。一見すると規模の小さい集団でも，同時代のなにごとかを象徴しているとみなされるものであれば，その集団を超えた社会の問題について論じる材料にできる場合もある。

　資料となるものにはさまざまなものが想定されるため，まとめて論じることは難しいが，社会学においてある特定の集団に関する文献を扱う場合，当事者が記したものなのか，それとも当事者以外が記したものなのかという点に注意を向けることが少なくない。たとえば社会運動であれば，前者は運動をしている側による刊行物などがあり，後者には官憲史料や新聞雑誌の関連記事などが

想定される。前者から読み取れるのは当事者のメンタリティや戦略，自己規定などであり，後者から読み取れるのは運動をしている人々の同時代における位置づけなどである。

　赤枝香奈子（2011）は，戦前期の女学校にみられた女学生同士の親密な関係（「S」という隠語で呼ばれていた）を多角的に分析しているが，赤枝は，婦人誌などに寄せられた当事者の体験談と，教育関係者など女学生たちを取りまく大人たちによる記事の双方を分析している。赤枝によれば女学生たちの親密な関係は，「美」という評価基準にもとづく精神性を重視したものであり，生殖と強く結びつけられていた当時の結婚では感得できないプラトニックな恋愛の経験として語られていた。こうした恋愛経験は，当時は一種の病理とみなされていたが，異性愛の準備段階とみなされる限りでは教育関係者にも容認されていたという。この例のように，ある属性の人々に特徴的なことを論じる際に，外部の評価だけではなく，当事者たちの経験，実践に着目するのは，インタビュー調査とも似ている。

　資料の収集方法は，ケースバイケースである。著名な団体の活動や社会運動などであれば，資料集の類が編纂されていることは少なくないが（前述の斉藤・西岡（2005）などを参照），編集の目的や偏りなどには注意が必要である。調査したいと考える集団に関わる企業や協会，施設などがあればそこに問い合わせるのも手である。『専門情報機関総覧』（専門図書館協議会調査分析委員会）などを参考に，専門図書館を利用するのもよい。

身の回りの「望ましさ」を疑う

　わたしたちを取りまく社会規範や「望ましさ」を相対的ないし批判的に捉えることは，社会学の基本的な思考の1つである。こうした視点にたつとき，歴史資料を用いた研究が有効な場面は少なくない。なぜなら歴史をみることで，現在のような社会規範や「望ましさ」がいつどのように生成したのかを知ることができる，つまりそれらは絶対的なものではなく，ある時代状況の産物として相対化できるからである。

　その際にしばしば用いられるのが，公権力に関わる文献である。ここでいう公権力に関わる文献とは，基本的には国家や地方自治体ないし公共団体が作成に関わった文献を想定している。具体的には法令や議事録，パンフレットなどの刊行物などが挙げられよう。詳しくは第7章を参照してほしいが，これらの資料には国家のようになんらかの社会的な強制力をもつ団体が作成に関わっていることがあるため，個別の政策研究だけでなく，社会規範の生成を読み解く際にもよく用いられる。たとえば戦前期の国定教科書からは，国家がどのような教説を正統として位置づけようとしていたかという戦略を読み解くこともできるし，また教科書のように広く読まれたテキストであれば，知識人による専門知がどのように一般の人々に流通していったのかをみることもできるだろう。

　筆者は，戦前期の日本社会における「恋愛結婚」の規範的な位置づけを研究する際に，教育勅語の注釈書に着目したことがある。教育勅語は大日本帝国の道徳教育の根幹となった文献であるが，結婚や夫婦関係に関しては「夫婦相和シ」とあるのみで，具体的な夫婦像は読み取れない。しかしいくつもある注釈書には，「恋愛結婚」では教育勅語の「夫婦相和シ」には至ることができないという論調など，結婚のありかたにまで及ぶさまざまな解釈が記されており，研究を進める助けになった（本多 2018）。

　もちろん，「権力」という言葉や社会規範を広く捉えれば，知識人の文献あるいは新聞・雑誌記事にある一般の人々の語りも分析対象になり得る。たとえばマイノリティに対して抑圧的にはたらく社会規範を探る場合は，マジョリティ，つまり多数派の人々の価値観をみるという方法もあるだろう。研究を進める際は，マイノリティとマジョリティの相互の資料を収集するとよいケースも多い。

　以上，いくつかのパターンを紹介してきたが，この分類は歴史資料の系統的な区分けを目指したものではないことはことわっておく。実際には分類が難しい資料もあるだろうし，複数の観点からみることができる資料もあるだろう。いずれにしても，歴史資料を用いる研究では，その資料の位置づけを明確にし，そこから読み取れる範囲に議論を限定することが重要となる。結果的にどのく

らいの分量の資料を用いて分析するかはテーマや条件次第だが，収集の段階で
は広く集め，徐々に絞っていくことをすすめたい。

　では次に，こうして集めた資料をどのように分析していくかをみていこう。

3　分析の進めかた

資料をつなげる線を引く

　評価の高い歴史研究の論文は，クロノロジー（年代的経過報告）と分析を兼備
したものだといわれる（澤田 1983）。つまり集めた歴史資料を無味乾燥に時系
列順に並べるのではなく，1つのストーリーができるようにまとめることを目
指すとよい。

　もちろん学術論文である以上，ここでいうストーリーとは物語の創作ではな
い。時代も場所も異なる人々から発せられた言葉を実証的につなぎ合わせる線
を見出すということである。統計処理をして散布図に線を引く作業に近いかも
しれない。

　線を見出すこと自体は資料を読み込みながら進めるほかないが，分析の進め
かたに絶対的な方法論があるわけではない。たとえば筆者が知識人の文献を資
料として扱ったときは，段ボール箱をいくつか用意し，集めた資料を読み込み
ながら分類していくことが多かった。とはいえこの分類のしかたは，当初は思
想傾向別にまとめていたが，時代別になったり，読み込んでいくうちに浮かび
上がった類型別になったりもする。

　また筆者の場合は，論文で引用できる文章を探すことにも努めている。特に，
先行研究の知見とは異なることが書かれた文章は，新たな知見をもたらす可能
性がある。こうした文章を中心に PC に引用を保存し，そしてデータが溜まっ
てきたら，どのような線を引き，どのような順番で並べればそれらの引用を効
果的に浮かび上がらせることができるのか，何度も繰り返し考えるのである。

　どのような線を引くかは資料から見出すことが望ましいが，初学者がいきな
り取り組んでも途方にくれることが多いと思う（その悪戦苦闘が重要ではあるが）。

こういう場合はいくつかのパターンを知っておくことが有用である。以下では，歴史資料を用いた社会学研究を事例に，3パターンほど紹介したい。

理論を適用する

　どの線の引きかたにも共通することではあるが，先行研究の知見を参照することは不可欠である。歴史資料を用いた研究の場合，先行研究では明らかになっていない場面を発見することが，知見を提出する際の1つの目安となる。

　個々のテーマによって知見を提出する手法はさまざまではあるが，共通する手法の1つとして，社会学の理論を適用しながら資料を読み進めることが挙げられる。抽象的な理論を軸としながら，資料の固有性を浮かび上がらせるのである。

　たとえば大塚明子（2018）は，欧米圏の「ロマンティック・ラブ」がどういうものかを定義づけたうえで，雑誌『主婦之友』の読解を通して日本型の「恋愛結婚イデオロギー」の固有性を検証している。大塚は，欧米圏の「ロマンティック・ラブ」に関する理論研究，歴史研究を精査し，それを「個別志向的・官能的＝非合理的な情熱を起点とする〈間人格的相互浸透〉と定義する。つまり「ロマンティック・ラブ」とは，「ただ一人」の相手と添い遂げるという，個別志向性と排他性が重視される関係のありかたである（大塚 2018：42）。

　大塚によれば，この観点から『主婦之友』を読み解くと，戦前期であれば，「どんな一対の男女をめあわせても大抵は性的充足が得られ『和合』できる」，「妻への『愛』は愛人との性関係と両立しうる」などと，個別志向性とはおよそ異なる場面が散見されたという。また夫婦の排他的で親密なコミュニケーションもさほど要請されてはいなかった。たとえば戦後であれば，夫婦の外出は妻に対する夫の「サービス」と後ろ向きに表現されていた。これらを踏まえて大塚は，時代ごとの記述内容の変遷や『主婦之友』の読者層に留意しつつも，個別志向性が薄いことと，排他的で親密なコミュニケーションが不可分に組み込まれていないことが，高度経済成長期までの日本型恋愛結婚イデオロギーの特徴だとするのである（大塚 2018：597-607）。

　国内で流通している社会学理論の多くは欧米からの輸入であり，その理論の応用はよく行われている。これらの理論書には歴史学の知見ないし著者自身の歴史資料の検討から理論を抽出しているものも少なくないので，先行研究の検討とも併せながら，理論だけでなく資料の扱いかたを参考にするのも手である。

生成過程を追う

　歴史を紐解くと，長い「伝統」を有すると思われていた事象でも，じつは成立してから日が浅いとわかることがある。たとえば新雅史（2012）は，伝統的な存在だと思われている「商店街」が，実は20世紀の発明品であるという観点から，商店街の歴史を見直している。

　新によれば，平安京の錦小路など，前近代社会にも商店の連なる場は確かに確認できるが，それは現在イメージされているような「商店街」ではないという。商店街の衰退と地域社会の衰退がしばしば連動して語られるように，わたしたちが現在イメージする「商店街」は，地域社会の中核としてのシンボル性をもったものである。

　新によればこうした「商店街」は，第１次世界大戦後にできたものだという。新が着目するのは，当時の商業学者たちの文献と行政関係資料である。当時の商業学者たちの課題は，第１次世界大戦後の都市への人口移動に伴い増加した零細小売業の多くが，百貨店の台頭などもあり，生活困難に陥っていることであった。こうした状況を打開するために提起されたのが，当時においては画期的な異業種の連携によって，地域社会の生活に必要な商品を提供しようという，「横の百貨店」としての「商店街」だった。そしてこの「商店街」の理念は，1932年に成立した商業組合法や第２次世界大戦下の小売業に対する施策などを通して実現していったという。

　新による線の引き方は，20世紀の発明としての「商店街」を浮かび上がらせるだけでなく，今日の「商店街」を考えるヒントも提供する。新の分析は戦後にまで及ぶが，新によれば商店街の歴史は，こうした初期の理念が忘れられ，外部から閉ざされた既得権益集団として衰退していく過程だという。新は結論

で，「商店街」のそもそもの理念を，外部にも開かれた持続可能性のある地域商業として組み直すことを提起している。このように，あるものごとの生成過程を追うことは，そのものごとがどのような社会的諸条件のもとにできたのか，そして現在はどのような位置にあるのかといった，歴史だけでなく現代について考える線の引きかたにもつながる。

変遷をたどる

　歴史資料を用いる以上，資料を時間軸にそって並べていくことが，研究の基本となる。この場合，数多くの資料を明快に，かつ社会的諸条件の変遷が浮かび上がるように並べて線を引くことが効果的である。戦後の若者文化の変遷を「族から系へ」という流れでたどった難波功士（2007）の研究はその一例である。

　難波の研究で扱われているのは，「太陽族」から「みゆき族」，そして「渋谷系」「裏原系」へという，戦後の若者文化を彩るカテゴリーの歴史である。この並びにみられるように，ある若者集団が「〜族」から「〜系」と名指しされるようになることは，難波の研究以前にも指摘されてきたが，その歴史的な流れを系統的に追った研究はなかった。難波が主に着目したのは，雑誌記事などにみられる各カテゴリーに対する論評である。こうした外部の論評は，ときにそのカテゴリーそのものをつくることがあり，若者らを取りまく状況に関与するだけでなく，社会的な価値基準や関心を反映してもいる。難波はこうした資料から，若者文化のカテゴリーの変遷と，若者らを取りまく社会的通念の変遷を追跡する。

　難波の研究の主要な知見の1つは，「族から系へ」というカテゴリーの変遷には，対面的な「共在」から，モノやメディアを介在した「関係」への移行が伴っていたのを見出したことにある。「〜族」は「太陽族」であれば湘南，「みゆき族」であれば銀座みゆき通りと，ある場所に集う若者たちを通して立ち上がってきたカテゴリーだった。対して「〜系」は，中心となった場所はあるもののメディアが主導する側面が強くなり，「ギャル系」「ストリート系」などの

ファッション誌を選ぶように個人で選択する側面が強いカテゴリーである。難波によれば，「〜族」も「〜系」も仲間内での文化の共有と相互認証に対する名づけであり，社会の側からは批判や揶揄があるという構図は変わらないが，「〜系」は自己定義の問題という側面が強くなっており，年齢を重ねてもコミットすることができる，つまり「若者（文化の一員）であること」に特別な意義がなくなっているという。

　以上の議論は，厳密にいえば，当事者たちが「〜系」を名乗る戦略など，当事者の語りなどを通して補完していかなければならない面を含んでおり，難波もその点については言及している。歴史資料を用いる研究は決して万能ではない。しかし資料をつなげる線を引き，見通しをよくすることで，ある時代や現代社会のありかたについて考える契機をつくることはできる。[5] あなたがもし，これまであまり扱われていないテーマを選ぶのであれば，読者がその問題について考えを巡らせていけるような，開かれた研究にすることを意識してほしい。

　本章で紹介してきた線の引きかたは，それぞれ別の手法というわけではなく，相互に対立するものでもない。1本の論文であれば線の引きかたを限定することもあるが，1冊の本であれば，1つのテーマに対してさまざまな線を引いて考察することが多い。字数の制限にもよるが，歴史資料を用いた研究では，多様な現実や文脈を示したほうが学術的評価が高い傾向もある。

　また本章で挙げた例をみればわかるように，歴史資料の考察は，資料の精査のみで完結するものではない。たとえば「商店街」の生成過程を読み解くには，第1次世界大戦後の社会変動について知ることが不可欠であり，それは先行研究を参照することで補完できる。筆者は第2節で，関心がおぼろげでも絞られているなら資料探しに移行してもよいと記したが，これは結局のところ，資料と実際に相対しないと，資料を理解するのにどのような情報が必要となるのかわからないということによる。歴史資料を用いる研究は，特定の雑誌などのまとまった資料に限定したとしても，資料を読み解くだけでは線を引くことはできない。資料を読み，その資料を取りまく時代について考え，先行研究を参照し，さらに必要となりそうな資料を探す。歴史資料を用いる社会学研究はこう

した作業の繰り返しであり，そのなかで問いや線の引きかたが浮かび上がってくることも多いのである。

4　資料の海を「旅」するにあたって

　過去を理解することは，しばしば外国の文化を理解することに例えられる。外国への旅を通してあらためて自国の特徴を再発見することがあるように，歴史資料をみることは現代を相対化する契機となる。歴史資料と向き合っているとき，じつは問われているのはあなた自身の物差しである。過去を知ることと現代を知ることは両輪をなす。

　最後に，歴史資料を用いた研究をまとめるうえで比喩的なアドバイスをしておくと，あなたは過去と現代のよい橋渡し役になることを目指せばとよいと思う。よい橋渡し役は，双方の事情について熟知しており，時には適切な意思疎通ができるように言葉を翻訳してくれる。本章で記してきたことは，社会学的な観点から過去について知り，それを現代の人々に理解してもらうための，いくつかのノウハウに過ぎない。

　歴史資料は，いうなれば「他者」である。「他者」について知り，「他者」が織りなす社会について知り，それを通して自己について知ることは，社会学の基本的な営みである。歴史資料を用いた社会学研究の意義の1つは，歴史資料という「他者」を知ることを通して現代と未来について考える足がかりを得ることにあるといえる。E.H. カー（Carr 1961＝2014）も述べるように，歴史とは「現在と過去との間の尽きることを知らぬ対話」であり，そして「今日の社会と昨日の社会との間の対話」なのである。

─── 文献案内 📖 ─────────────────────────

　①斉藤孝・西岡達裕，2005，『学術論文の技法　新訂版』日本エディタースクール出版部。
　　歴史学者が書いた，学術論文作成の入門書。論文とはなにか，という初歩的な

ことからテーマ設定，文章作成のコツ，資料収集のしかたまで体系的に学べる。
付録の「文献を探すための文献一覧」「専門資料館所蔵一覧」は，さまざまな
領域を網羅した充実ぶり。

②渡邉大輔・相澤真一・森直人編著，東京大学社会科学研究所附属社会調査デー
タアーカイブ研究センター編，2019，『総中流の始まり——団地と生活時間の戦
後史』青弓社。

1965年の「団地居住者生活実態調査」の再分析から，高度成長期に形成された
「普通の生活」とその多様性を示した社会学研究。本章で充分に取り上げられ
なかった計量的な歴史社会学研究の好例でもある。

③エリック・ホブズボウム／テレンス・レンジャー編（前川啓治・梶原景昭ほか
訳），1992，『創られた伝統』紀伊國屋書店。

伝統的なものだと思われていたものが，じつは近代の産物だった，という視点
を確立させた名著。国内の研究でも，家族，ジェンダー，セクシュアリティ，
言語，天皇制などさまざまな分野に応用されているので，一度は目を通してお
きたい。

注

(1) こうした文脈に興味がある方向けには，『社会科学研究』第57巻（東京大学社会
科学研究所）の「特集 歴史社会学」や，Lachmann (2013)，Onaka (2015) など
が挙げられる。

(2) ここで文献資料とは，文字によって書かれたものを総称する。

(3) 本章では，このような言葉の使いかたに関わる人々という点を重視して，「知識
人」というカテゴリーを設定した。いうまでもなく「知識人」の内実は多様であり，
個人の思想傾向や社会的役割，影響力なども異なるので，研究の際には個々の文脈
にも注意されたい。近代日本の「知識人」カテゴリーについては，丸山 (1982) が
参考になる。

(4) 歴史学や社会学でもさまざまな論争があるように，「知識人／一般の人々」とい
う区分は自明なものではないし，「知識人」「一般の人々」のカテゴリー自体が多様
である。戦後の社会科学における「民衆」や「大衆」などの概念の用いられかたに
ついては，安丸 (2012) が参考になる。

(5) 本章では省略したが，変遷をたどるうえではその変動要因（独立変数）を考慮す
る場合もある。歴史学における因果的説明については，保城 (2015) が参考になる。

文献

赤枝香奈子，2011，『近代日本における女同士の親密な関係』角川学芸出版。

新雅史，2012，『商店街はなぜ滅びるのか──社会・政治・経済史から探る再生の未知』光文社。

Berger, Peter L., 1963, *Invitation to Sociology*, Doubleday.（水野節夫・村山研一訳，2017，『社会学への招待』筑摩書房。）

Carr, Edward H., 1961, *What Is History*, Macmillan.（清水幾太郎訳，2014，『歴史とは何か』岩波書店。）

Giddens, Anthony, 2006, *Sociology*, 5th ed., Polity Press.（松尾精文ほか訳，2009，『社会学（第5版）』而立書房。）

本多真隆，2018，『家族情緒の歴史社会学──「家」と「近代家族」のはざまを読む』晃洋書房。

保城広至，2015，『歴史から理論を創造する方法──社会科学と歴史学を統合する』勁草書房。

Lachmann, Richard, 2013, *What is Historical Sociology*, Polity.

丸山眞男，1982，「近代日本の知識人」『後衛の位置から──『現代政治の思想と行動』追補』未來社，71-133。

牟田和恵，1996，『戦略としての家族──近代日本の国民国家形成と女性』新曜社。

難波功士，2007，『族の系譜学──ユース・サブカルチャーズの戦後史』青弓社。

小熊英二，2011，『私たちはいまどこにいるのか──小熊英二時評集』毎日新聞社。

Onaka, Fumiya, 2015, "News from Historical and Comparative Sociology in Japan," *Bulletin of Sociological Methodology*, 128：61-64.

大塚明子，2018，『『主婦の友』にみる日本型恋愛結婚イデオロギー』勁草書房。

斉藤孝・西岡達裕，2005，『学術論文の技法　新訂版』日本エディタースクール出版部。

澤田昭夫，1983，『論文のレトリック』講談社。

Weber, Max,〔1905〕1920, "Die Protestantische Ethik und der Geist des Kapitalismus", *Gesammelte Aufsätze zur Religionssoziologie*, J.C.B. Mohr（Paul Siebeck）.（大塚久雄訳，1989，『プロテスタンティズムの倫理と資本主義の精神』岩波書店。）

柳父章，1982，『翻訳語成立事情』岩波書店。

安丸良夫，2012，『現代日本思想論──歴史意識とイデオロギー』岩波書店。

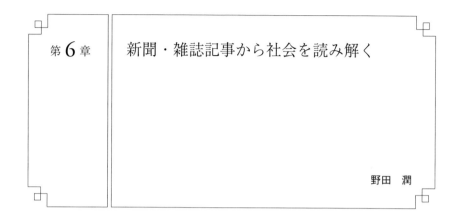

第6章　新聞・雑誌記事から社会を読み解く

野田　潤

1　新聞・雑誌記事を用いた質的調査の特徴

文字資料ならではの利点

　新聞・雑誌記事を用いた調査[(1)]は，なによりもその当時の語りを文字データとしてそのまま参照できるという利点があるため，歴史的な分析に向いている。もちろん過去のことを調べたいときには，当時をよく知る関係者にインタビュー調査を行うこともできる。しかし過去の記憶をどう意味づけるかは，その人の現在の状況や価値観によっても変わってくる。人が「今・ここ」の時点から過去のことを振り返りながら語るとき，その語りにはどうしても「今・ここ」の時点における価値観や評価基準が入ってくるのである。

　そのため，あなたがもし「その当時ならではの価値観」を検証したり，「ある特定の価値観が時代とともにどう変化したか」を知りたいのならば，新聞・雑誌記事を用いた質的調査は非常に役に立つだろう。文字で記録された当時の語りを直接参照できるからである。後世からの回想ではなく，その当時に語られ記録された言葉からは，現在の価値観では思いもよらないような，当時の社会の「あたりまえ」が浮かび上がってくる。しかも近年では記事のデータベースも充実し，かつてと比べて資料の収集はかなり容易になっている。これを使わない手はないだろう。

資料としての特性

　新聞・雑誌記事は，「その時代の多くの読者にとって『あたりまえ』とされていた価値観」を観測しやすいデータである。それは新聞・雑誌記事が，読者に広く共有されている（と書き手が判断するところの）価値や規範にそって書かれるものだからである。特に読者層が広く発行部数の多い一般誌・全国紙では，「社会一般の人々」の目線がより強く意識されているため，記事の内容も「社会で広く共有されている価値観」を前提としていることが多い。

　以下ではそれを示すものとして，『読売新聞』の読者投稿にもとづく「人生案内」というコラムの例をみてみよう。「人生案内」では，読者の悩みに回答する識者たちを集めての座談会が，毎年末に編集部によって開催されている。その座談会での発言からは，全国紙のコラム記事が実際にどのような方針で作成されているかの一端をうかがうことができる。

　　　共通した悩みがあるから，一般読者にも参考になるわけですね。だからあまりに特殊なケースはお気の毒だけどボツにしてしまいます。（『読売新聞』1958年12月21日）

　　　世の中には同じ悩みを抱えている人が多い，自分だけじゃないんだ，という安心感を与えられる――紙上回答にはそういう効果があると思いましたね。（『読売新聞』1989年12月30日）

　ここからは，「社会における読者一般」というものが非常に強く意識されていることがわかるだろう。2008年から『読売新聞』「人生案内」の回答者を務める山田昌弘も，その著書の中で，女装する夫が気持ち悪いと訴える妻からの相談を例に挙げながら，「社会学者としての私は，『そういう人がいてもいい』という立場」であるが，同時に「読売新聞という非常に多くの読者がいる『人生案内』の回答者として」は「どうバランスを取ったらいいか難しかった」と述懐している（山田　2017：6）。

　このように，新聞や雑誌に掲載される記事には，読者の間で共有される社会意識や規範の中身が反映されやすい。だからこそ，特定の社会集団において支配的な規範や社会意識を分析するには，非常に適した資料なのである。

　ただしその一方で，新聞・雑誌記事から観察できる社会的事象には，（他の社会調査法もそうだが）一定の偏りや限界がどうしても出てきてしまう。新聞・雑誌記事からわかるのは，あくまでも世の中で起きていることの一部にすぎない。さらに現実的な話としては，研究者は自分1人だけでこの世のすべての新聞・雑誌記事に目を通すことはできないため，実際には特定の新聞・雑誌に絞った分析を行うことが多い。したがって，新聞・雑誌記事を用いた社会調査を行う際には（他の社会調査とも共通することだが），「あくまでも特定の位置から行う定点観測にすぎない」ということを意識しておく必要がある。

　ただし，観測条件を一定のものにコントロールできるという意味では，定点観測はむしろ強みになるケースも多い。たとえば仮にあなたが離婚というテーマで，文書資料を用いた分析を試みたとする。しかし新聞や雑誌の読者投稿欄と裁判資料とネット上の匿名掲示板では，資料の性質が大きく異なるため，同じ基準での分析は困難である。したがってこの場合は「雑誌Aにおける」とか「新聞Bにおける」とか「新聞CのコラムDにおける」といった形で分析対象を戦略的に絞った方が，観測条件をそろえられるという意味でも望ましい。

　なお定点観測を行う場合は，自分が身を置いた観測地点がいったいどのような場所なのか，そこにはどんな特徴と偏りがあるのかを，必ず把握しておかねばならない。それは自分自身の分析の限界を自覚するということでもあり，科学的な態度には不可欠である。以下では，新聞・雑誌記事を分析する際に特に注意すべき点をみていこう。

読者層のバイアス

　世の中にはたくさんの新聞や雑誌があるが，それぞれの読者層は異なっている。新聞・雑誌記事の分析の際にはまず，こうした読者層の偏りについて注意を払う必要がある。主なターゲットとなる読者層がどんな人々なのかによって，

記事の内容や傾向は大きく変わるからである。

　たとえば戦前の日本では，新聞や雑誌を購読するのは中流階級の知識層に大きく偏っていた。そのため，当時の新聞や雑誌に掲載された家事・育児についての記事や広告をみると，人口的には多数派であったはずの農村部の庶民に向けたものは少ない。中流層の生活水準や規範意識を前提に書かれた記事の方がはるかに多いのだ。また近年では発行部数の減少とともに若者や中年層の新聞・雑誌離れも指摘されており，注意が必要である。[(2)]

　他にも，読者の階層・職種・年齢・性別の偏りが，記事の内容に影響する場合がある。たとえば農業従事者に向けた雑誌『家の光』では農家の共働きの妻を想定した記事が多い一方で，サラリーマンの夫をもつ専業主婦をメイン読者に想定する雑誌『主婦の友』では，妻が働かず家事・育児に専念する前提での記事が多い。特に戦前から高度経済成長期には，この2誌の記事内容や論調や前提となる価値観は，きわめて大きく異なっていた。

　このように，分析対象として新聞・雑誌記事を選ぶ際には，ターゲットとなる読者層の特徴をつかんでおくことが不可欠である。自分がどんな層の語りを分析しているのかをきちんと自覚し，分析の際にもそこに留意しなければならない。

編集によるバイアス

　さらにその媒体の編集部がもっている編集方針の違いによっても，記事の内容に特定の傾向や偏りが生じる場合がある。

　たとえば近代日本を代表する著名な女性雑誌『婦人公論』は，1916年の創刊当初からの編集方針として，「女権拡張」に関する問題意識が強かった。女性の社会的地位への言及や，男尊女卑への批判記事も多く，知識階級に向けたインテリ雑誌としての側面が強かったといえる。しかしこうした編集方針は1960年代後半ごろに大幅に変更され，女権拡張的な性質は薄まっていった。1960年代後半の『婦人公論』にみられる記事内容の大転換は，当時の社会全般において実際にドラスティックな変化が起きた結果というよりは，もっと単純に，編

集方針の転換によるものとみるべきである。

　このように，変化の原因を的確に捉えるためにも，その媒体の編集方針を把握しておくことは不可欠である。新聞・雑誌は決して無色透明のものではなく，編集によるバイアスが存在するのだ。しかしそれは分析にとって必ずしもマイナスとは限らない。編集方針の違いとは，各新聞・各雑誌それぞれの特徴や個性を生むものでもあるからだ。要は媒体ごとの特性をよく知ることで，自らの問題関心に最もよく合致する新聞・雑誌記事をうまく選択できればよいのである。だからこそ，分析対象となる雑誌や新聞の特徴については必ず事前に調査を行い，論文やレポートの中でもきちんと説明しておくことが重要だ。

　なお，編集行為によって資料にバイアスがかかってしまうという問題は，近年では意外な局面でも新たに出現している。それは，記事のデータベース検索におけるキーワード設定の問題である。詳しくは次節でみていきたい。

2　新聞・雑誌記事を用いた分析の手順

学術的問いに対応する資料の選定

　それではいよいよ，新聞・雑誌を用いた社会調査を始めよう。まずなによりも重要なのは，自分自身の問題意識に合った資料を選ぶことだ。自らの問いや研究目的をあらためて確認し，先行研究をリサーチしたうえで，理論的な枠組みも意識しながら，「わたしのこの問いを検証するためには『いつの』『誰による』『誰に向けて書かれた』『どのような』記事を分析するのが一番よいのか」を，戦略的に考えていく必要がある。

　ここで注意しておきたいのは，ただ資料を集めて並べるだけでは「分析」とも「研究」とも呼べないということだ。自分自身がどんなオリジナルな問いのもとで，どんな検証を行うか——つまり資料の内容をただ鵜呑みにして書き写すのではなく，いかなる基準のもとで自ら資料を選定・収集するか，集めた資料に対してどんな解釈を自分なりに付け加えていくかということが，「調べもの」や「お勉強」ではない「研究」を行うためのカギなのである。知の消費者

ではなく，知の生産者にならねばならないわけだ（上野 2018）。

　そのためには分析の準備段階で，自分なりのリサーチクエスチョン（なにを明らかにしたいのか）を明確にしておくことが重要である。具体的な手順としては，仮説を立ててみるのがおすすめだ。まず理論や概念のレベルで「こうなっているのではないか」という大きな予測（理論仮説）を考えたのちに，「具体的なデータのレベルではこういう結果が出るのではないか」という小さな予測（作業仮説）を考える。作業仮説は，理論仮説につながる内容で，かつ第三者にも検証可能なかたちでデータから測れるものが望ましい。

　仮説ができたら資料の選定である。まず時期の選びかたについては，特定の時期のみを詳しく分析したいのか，いくつかの時代を比較したいのか，あるいは長期にわたる連続的な変化を追いたいのか——自らの問題意識に最も合うやりかたが望ましい。また専門家言説を検証したいのか，一般読者に親和的な語りをみたいのかによっても，ふさわしい資料は大きく異なる。さらにその記事がどんな読者層に向けて書かれたものかにも注意する必要がある。たとえば社会で広く共有された支配的な価値観を捉えたい場合は，幅広い読者層をもつ全国紙や一般誌を選ぶのがよいだろう。しかし階層や性別や年齢層を絞って分析するのなら，たとえ発行部数が相対的に少なかったとしても，読者層が合致する資料を選んだ方がよい。

　なお資料の選定の際には，分析に使う記事と使わない記事の取捨選択の基準をある程度，事前に設定しておいた方がよい。あやふやな状態で資料を探し始めると，「あれもこれも関係がある」と思って対象がどんどん広がっていってしまうし，分析の軸も定まらず，まとまりのない研究になりがちである。それゆえ資料が研究目的から外れないように，あらかじめ一定の基準を設けておくのだ。たとえば離婚についての記事を集めたいなら，子どもがいるケースといないケースで語りの内容はかなり変わるので，どちらかだけをみたいのか／あるいは両方を比較したいのかを決めておく。また「離婚」を法律婚の解消のみに限るのか，それとも事実婚や内縁の夫婦の別れも含めるのか——判断はひとえに自分の研究の目的次第である。とはいえ，実際には資料を見て初めて気づ

くことも多いので，選定基準を検討する際には，資料の現物とにらめっこしな
がら何度も検討しなおしていくことになる。だからこそ，そのためにも，資料
探しはできるだけ早めに始めた方がよい。

資料の特性を自覚して戦略的に利用する

　第1節で述べたような資料の特性やバイアスは，使いかた次第では，資料選
定のときに強みとして生かすこともできる。たとえば『主婦之友』は近代日本
を代表する女性雑誌の1つだが（1917年創刊〜2008年休刊），創刊当初から読者
層を中流家庭（特に中の下）の主婦に絞り，実用的な家庭生活中心の誌面作り
を意識していた。そして戦後には一般家庭の主婦向け雑誌として，その黄金期
を築くこととなった。だからこそ，戦前から高度経済成長期にかけての日本に
おける主婦の典型的なありかたを分析したいなら，こうした特性をもつ『主婦
の友』は，非常に適した分析対象である（木村 2010，大塚 2018 など）。一方で，
戦前から高度経済成長期における農村女性のリアリティをくみとりたいのなら，
『家の光』のような農村向けの家庭総合誌を分析対象にした方が適切である。
また戦前から1960年代半ばごろまでの日本における「男女平等」や「女性の社
会進出」についての議論を考察したいのであれば，『主婦の友』ではなく，進
歩的気風に溢れていたころの『婦人公論』を選ぶのが合理的だろう（中尾 2009
など）。あるいは戦前の最先端の知的エリート層の語りをみたい場合は，読者
層はかなり少ないが，知識階級向けの啓蒙的な専門雑誌を対象にするという道
もある（沢山 1990 など）。

　このように，分析対象を選ぶ際には媒体の特性や読者層をよく把握し，資料
のバイアスを自覚しておくことが重要である。自分が分析対象とした記事の性
格をよく知ることによって，分析の限界を自覚するのみならず，逆に戦略的に
利用することもできるのである。

資料の収集方法

　さて，資料を選んだら，急いで資料集めに取りかかろう。[3]過去の新聞・雑誌

のアーカイブには，さまざまなアクセス方法がある。雑誌の場合は大学や自治体の図書館，博物館や研究所附属の資料庫などで，古い時代のものから連番で所蔵されていることが多い。

　それでは自分の分析目的に合致した記事が，なんという雑誌に何件ほどあり，第何号の何ページに掲載されているかを調べるには，どうすればよいのだろうか。ここで便利なのが，国立国会図書館の公式ホームページである。ここからは雑誌の目次一覧が掲載された「総目次」という資料の所在を検索できる（国立国会図書館 2021）。総目次とは，雑誌の巻号ごとの記事タイトル一覧が載っている，恐ろしく分厚い本である。検索で見つけた総目次を，所蔵図書館に行って閲覧し，自分の研究に関係の深そうなものを記事タイトルの一覧から探してみるとよい。また近年では雑誌記事の一部を電子化し，データベース検索を提供してくれる施設もある。たとえば国立国会図書館や東京都立図書館などのホームページでは「雑誌記事検索」が使えるので，タイトルやキーワードで記事を探すこともできる。また大宅壮一文庫のような雑誌専門の民間図書館も有用である（大宅壮一文庫の場合は Web 会員になれば館外からのデータベース利用も可能）。見つけた雑誌記事は自分で直接コピーできることもあるが，施設によっては閲覧やコピーのための申請書を毎回提出しなければならないことも多い。

　一方，新聞の場合は，近年になって電子化された記事をデータベースから直接閲覧できるようになった。『朝日新聞』の「聞蔵Ⅱビジュアル」や『読売新聞』の「ヨミダス歴史館」，『毎日新聞』の「毎索」などの大手新聞社の専用データベースは，大学や自治体の図書館などで利用できる。そのため近年では新聞記事の探索と収集の手間はかなり省力化され，縮刷版を手作業で延々とコピーするような作業は過去のものになりつつある。ただし記事によっては電子化の対象外となっているものもあるため，そうしたケースでは図書館に所蔵されている古い新聞縮刷版やマイクロフィルムを直接確認しなければならない。

データベースの検索とその注意点
　なおデータベースを用いた新聞記事の検索には，キーワード検索・見出し検

索・本文検索など複数の方法が存在するが，このうちキーワード検索の場合には注意点がある。それはキーワードの設定に，キーワード設定者の主観が影響してしまうということである。

　新聞記事のデータベースにおいて，ある1つの記事にどんなキーワードが紐づけられているかは，基本的には設定者の裁量で決まるようだ。たとえば，今あなたの手元に1953年に書かれた新聞記事Aがあるとしよう。記事Aを実際に読んでみると，そこでは明らかに夫婦の離別，すなわち離婚のことが語られている。しかし記事の中に「離婚」という言葉は1つも使われておらず，代わりに「離縁」という言葉だけが使われている。さらにその記事Aの中には，嫁姑問題についての言及も多くみられる。そしてこの記事Aのタイトルは「姑のむごい仕打ち」だったとする。このような場合，この記事Aに設定される検索キーワードは，どのようなものになるだろうか。わたしの経験上，これは完全にケース・バイ・ケースで，バラバラである。①「離婚」というキーワードでこの記事がヒットするときもあれば，②「離婚」ではヒットしない代わりに「離縁」でならヒットする場合もある。さらに③「離婚」でも「離縁」でもヒットせず，「姑」や「嫁姑問題」というキーワードでのみヒットすることもある。そしてもしここでキーワード設定が②や③のパターンだった場合は，どんなに「離婚」というキーワードで資料を検索しても，そこに記事Aがヒットすることは永遠にないのである。

　このように，データベースにおけるキーワードの設定のされかたは，かなり直接的に，キーワードを設定した人物の主観の影響を受けてしまう。しかもキーワードの設定者は現代社会の人間であるため，現代的な価値観でのキーワードになりがちである（たとえば愛妻弁当という言葉も概念もなかった大正時代の記事に「愛妻弁当」というキーワードがついているようなことが実際にある）。こうした理由から，時代ごとの変化の精密な検証をしたい場合は，キーワードによる検索はあまり向いていない，とわたしは思う（大まかな傾向を調べるのには有効かもしれないが）。

　では，どうするのがよいだろうか。いくつか案を挙げるなら，まず見出し検

索であれば記事の見出しに実際に使われた単語がヒットするため，現代の価値観に影響されない分析が可能である。ただし見出しは記事の内容をすべて反映しているとは限らないので，やはり取りこぼしは生じうる。また本文検索であれば，記事の本文で実際に使われた単語がヒットするため最も安全に思えるが，これも場合によっては注意が必要である。たとえば『読売新聞』のデータベース「ヨミダス歴史館」では，本文検索は1986年以降の記事にしか使えないうえ，冒頭から400文字目までの内容しかヒットしない。データベースで記事を検索する際には，必ずしも網羅的な資料収集ができるとは限らないことを意識しておいた方がよい。

　もしこうした偏りをできるだけ避けたいということであれば，対象となる新聞における特定期間中の記事をいったんすべて収集し，その後に一定の基準にもとづいて記事の内容を分類（コーディング）し，自分の分析に合った対象資料を選び出す，という多段階的な方法を取ることが最も望ましい。この方法であれば編集側の主観の影響は受けにくい。ただし，そのぶん膨大な手間がかかるのは確かである。

　いずれにしても重要なのは，データベース検索を利用する際には，誰がどんな基準でキーワード設定をしたのかを考え，そこに編集側の恣意が含まれていることを留意したうえで利用すべきだということである。

効率的かつ適切な資料の選定のコツとは

　なお，新聞・雑誌のいずれにおいても，対象となる記事があまりにも膨大すぎる場合は，資料収集の期間の間隔を一定ごとにあけてもよい。たとえば新聞Aと新聞Bから毎年X月だけの記事を30年分収集する，新聞CのコラムDから毎年Y月だけの記事を100年分収集する，新聞Eの1年分の記事をZ年ごとに定期的に収集する，といったやりかたである。

　いずれの方法を取る場合でも，重要なのは論文の中に記事の収集・抽出方法を明記しておくこと，そして最終的に対象として選定した資料の全体像を示しておくことである。自分がどんな方法と基準で資料を集めたか，収集した記事

は全部で何件だったか，そこから最終的に分析対象として抽出した記事は何件に及んだか，また対象外とした記事は何件あり，外した理由はなんだったか——これらの点について第三者からの客観的な検証が可能なように，全体像がわかるかたちできちんと明示しておくのが望ましい。

3　具体的な研究事例（1）

　以下では，新聞記事を用いた実際の分析の事例として，田間（2001）を紹介する。同書は子捨て・子殺し・中絶をめぐる新聞言説の分析を通じて，戦後の日本社会において母性の制度がどう作られ，どう変容したかを明らかにしたものである。先行研究の知見を踏まえたリサーチクエスチョンの設定や，調査・研究の具体的プロセス，データの解釈，優れた知見を導き出す過程など，ぜひ参考にしてみてほしい。少しだけ裏話を披露すると，じつは同書は，この章を書いているわたし自身が大学4年生だったときに受講していたあるゼミの中で，担当教員が必読書として紹介してくれたものだ。卒業論文で新聞記事を用いた質的調査を行おうとしていた当時のわたしにとって，同書は非常に学びの多い一冊だった。

　田間（2001）の理論的立場は，社会構築主義的フェミニズムと社会学の観点から，母性を社会的に構築される制度として捉えるものだ。そのうえで，実際にメディアによって母性が作りあげられていくプロセスを解明するために田間が選んだ分析対象が，新聞である。具体的には，子捨てや子殺しという母性からの逸脱行為が新聞記事の中でどう非難／容認されるかを通じて，母性という制度の構築と変容が明らかにされていく。

　田間（2001）の分析手法はじつに多彩で，子捨て・子殺しに関する新聞記事の件数の増減や，記事面積の増減，見出しの表現の特徴，母親や父親を批判／免責する「物語」の内容の検証など，量的分析・質的分析の双方が駆使されている。また複数の新聞を扱っているため，異なる媒体に共通してみられる時代の傾向の析出にも成功している。「いったいどうすれば新聞記事を使って科学

的な分析ができるのか」を知りたい人は，同書を読んで，「そうか，質的デー
タもこういうふうに示せば，第三者にも検証可能な，科学的なやりかたになる
んだ！」という感動を味わってほしい。また同書は，分析対象となる新聞記事
の選定方法も非常に洗練されている。時期についてはまず，子捨て・子殺しへ
の社会的関心と報道が激増した1973年を分析し，次にこの1973年の前後30年間
の変化を検証していく。「どの新聞を選ぶか」という選定プロセスについては，
まず1973年の朝日・毎日・読売それぞれの新聞の縮刷版の索引[4]を手掛かりに，
実際の記事内容も確かめながら，子捨てや子殺しに言及しているものをすべて
抜き出し，そのうえで記事件数が特に多かった朝日・毎日の2紙を最終的な分
析対象とするという，きわめて綿密な手法が取られている。

　田間（2001）は内容面でも非常に豊かな知見を示しているが，特にわたしの
印象に残ったのは以下の3点だった。①子捨て・子殺しが大きな注目を浴びた
1973年に「父親一般」を語った新聞言説は，子捨て・子殺しの責任を父親だけ
に負わせない傾向があった。②こうした父の排除のもとで，「加害者としての
母と犠牲者としての子ども」から成る濃密な「母と子」の物語が構築された。
③さらにその後の1973〜75年にかけては，登場人物が全員犠牲者であるという
加害者不在の言説＝総犠牲者化の語りが構築されていった。こうした総犠牲者
化の語りは，一方では子育て問題における父の免責にもつながり，他方では母
子間の権力関係や母の他者性・主体性を隠蔽した「母子一体性」の幻想につな
がる。わたしには田間が浮き彫りにしたこの構図は，現代の日本にも引き継が
れているように思えたし，まさに文書資料の歴史的分析によって「現代のおか
しさ」が鮮やかに浮かび上がったように感じられた。

4　具体的な研究事例（2）

　次に，わたし自身の研究事例（野田 2008）を紹介しよう。この論文は，人々
が離婚の際に「子どものため」をどのように語り，それが時代によってどう変
容したのかを，『読売新聞』の「人生案内」における相談と回答の語りから明

らかにし，そこから「家族の個人化」と呼ばれる動向がどの程度みられるのか（あるいはみられないのか）を検討したものである。恥を忍びながら少々の内幕も含めて，研究のプロセスをみていきたい。

　わたしがこのテーマで研究しようと思った動機は，1990年代以降の家族社会学の領域でしきりに言われていた「近代家族の終焉＝個人化」という議論に対する違和感である。近代家族の特徴にはプライバシーの重視や性別役割分業，愛情中心主義などさまざまな側面があるが（落合 1989，山田 1994），そのうち性別役割分業の部分的な変化だけを取り出して「近代家族は終わった」というのは少々違うのではないか，と考えたのだ。それは1980〜90年代を「子ども」として過ごした自分自身のリアルな感覚から生まれた疑問でもあった。

　そこでわたしが注目したのが「子ども中心主義」である。近代において成立した家族の「子ども中心主義」は今も消えておらず，日本の家族の個人化は，単純な個人の選択性の増大ではない，もっと複雑なものなのではないか――というのがわたしの立てた理論仮説である。そしてその証明のために，子どものいる夫婦の離婚を分析することにした。離婚では親と子のニーズが対立しやすいため「子どものため」が特に語られやすく，変化も検証しやすいだろうと考えたのだ。つまり，離婚をめぐる言説においては「子どものため」が現在も語られつづけているのではないか――これがわたしの立てた当初の作業仮説である。

　それでは子どものいる夫婦の離婚について，いったいどんな資料を調べればよいのだろうか。わたしが最初にぶつかった壁はそれだった。まずは日本の近代における変化を調べるということになるので，100年ほどのスパンが必要である。しかし日本では離婚がタブーだった時期もあって，人前で離婚を語る資料はあまり多くない。あるときには離婚裁判の記録を延々とコピーしてみたり（だがこれはわたしの目的に合致するタイプの資料ではないことがわかった），またあるときには『Seventeen』や『Popteen』といった雑誌の読者投稿欄を延々とコピーしたこともある（親の離婚に悩む子どもの語りが少し見つかったが，量が少なく通時的分析には使えなかった）。

　そうこうするうちに最終的にたどり着いたのが、『読売新聞』の悩み相談コラム「人生案内」である。わたしの問いと分析に「人生案内」がうってつけだった理由は、特殊な専門家言説ではなく一般の人々に近しいコラムだったこと、人々が公にしづらい離婚問題を語る数少ない媒体だったこと、読者数最多の全国紙のため「社会一般」を強く意識した編集方針がみられること、基本的に毎日連載されていて量が多く、しかも連載期間が長いため（1914年〜現在）、長期間の通時的分析に適していたことなどによる。もちろん読者投稿の中には建前や嘘が含まれている可能性もあるのだが、仮にそうでも「子どものため」に離婚を批判したり正当化したりするロジック自体は、読者のもつ「一般常識」を前提に語られるため、社会的な価値観の変遷を調べるという研究目的にとっては問題がないと判断できた。

　ただし「人生案内」には離婚と無関係の記事も多いため、対象資料を選ぶ際には記事の内容を1つ1つ確認し、合致する資料だけを選び出す必要があった。その際に工夫が必要だったことも多い。1つ紹介してみよう。たとえば過去の「人生案内」を読めば読むほど、わたしには「そもそも離婚ってなんだっけ？」ということが、どんどんわからなくなっていったのだ。「別れる」とか「家を出る」とか「実家に帰る」とか「蒸発する」とかいう言葉は出てくるけれど、「離婚」という単語が1つもないとき、これを離婚にカウントしてもよいのかどうか。また大正時代には、家と家の間で正式な結婚式を挙げていても籍は入れていないという事例がゴロゴロ出てくる。いったいこの人たちをどう扱えば……。さんざん悩んだ末の対応は、「わたしにとっての離婚は、子どもの両親の別離という意味でこそ重要なので、『離婚』という言葉の有無ではなく、子どもをもつ男女の別れが語られている記事すべてを対象にする」というものだった。ただしこうした1つ1つの選定作業を1912年からほぼ毎日連載された記事の全部で行うことは非常に手間がかかるため、対象資料は離婚の多い3月とその半年後の9月のみに限定することにした（月別の離婚件数は厚生労働省「人口動態統計」で確認した）。その結果、選定後の分析資料は合計842件となった。

　この論文の結論としては，①先行研究で指摘される「家族の個人化」が実際には1980年代以降の妻の選択性の増大のみを指していたこと，②「子どものため」を配慮して離婚を躊躇する相談者の語りは2000年代になってもまったく減っていないこと，③その一方で回答者は1980年代以降に「あなたのための離婚」というロジックを多用することで個人の選択責任を強調するようになっていたこと，④しかし回答者が主張する「あなたのための離婚」というロジックは「子どものため」を絶対に阻害しないという前提のもとでしか語られていなかったことが明らかになった。これらの知見からは，「子どものため」を今も捨てきれない，個人化とは矛盾する日本の現代家族のありようを描き出すことができた。

　変化を描き出す手法としては，まず自ら設定した基準をもとに記事を分類し，その量的な変遷を示すことで，時代による差異を明らかにした。分類に使った基準は「離婚に際して子どもの利害を配慮する語り」がみられるかどうか，「子どものため」という論理が離婚促進と離婚抑制のどちらにつながるか，相談者の語る離婚に対して回答者が否定的反応／肯定的反応のどちらを示したか，それが相談者の性別によってどう違ったか，などである。

　さらに，相談者が語る「子どものため」を回答者がどんなロジックで否定するかという質的な側面にも注目し，その部分でも時代の変化があることを示した。その際には特に1990年代以降の回答者が「なにを語らないか」に注目したことがポイントだった。この時期の回答は「子どものためと言わないでください」「あなたのためです」と語りながら，よくよく読むと「『子どものため』と言うことは子どもにとって負担だから，子どものためには『子どものため』と言わない方がよい」とか，「『自分のため』を考えることが『子どものため』でもある」といった論理を展開しており，結局のところ「子どものため」を阻害しないかたちでしか「あなたのため」を語れていなかったのである。

5　新聞・雑誌記事を用いた歴史分析の魅力と注意点

　第3節や第4節で紹介したような現代社会の「おかしさ」や「奇妙さ」について，すぐに気づくのは難しい。分析者が現代人である以上，どうしても現代ならではの色眼鏡を無意識にかけてしまうからである。そこで重要なのは，いったん過去の語りに徹底的に没入してみることだと思う。もちろん，最初は現代人には思いもよらない論理や帰結に，「ええ～！」とひっくり返ることも多い。「離婚したから誰か子どもをもらってください」とか，「夫が暴力的で子どもを水風呂につけているけど，子どもを不幸にしないためには絶対に離婚してはいけない」とか，そんな過去の相談・回答記事を読みながら，わたし自身，当初は何度もぶっ飛んだものだ。しかしぶっ飛びつづけているうちに，知識が蓄積され，慣れが生じる。そして1910年代や1960年代の論理や価値観を知り抜いたその頭で1990年代の語りにふれてみると，想像力が働くようになる。「昔の人がこの語りを見たら，どこらへんが変に思えるだろうか」と。

　現在とは違う価値観にふれたときの新鮮な驚きを，「過去はおかしいね，今が正しいね」という見方につなげるのではなく，逆に現在のおかしさや特殊性や偏りに気づくためのきっかけとすることが，深い意味での歴史分析の醍醐味である。読者のみなさんも「あたりまえは不思議なことかもしれない」という社会学のスタンスを胸に，異質な過去との遭遇を，そして「今・ここ」を生きるわたしたち自身の異質さの発見を，ぜひ楽しんでほしい。

── 文献案内 📖✍ ──

①佐藤俊樹・友枝敏雄編著，2006，『シリーズ　社会学のアクチュアリティ：批判と創造5　言説分析の可能性──社会学的方法の迷宮から』東信堂。
　新聞・雑誌記事に限らず，文書資料を用いた「言説分析」という手法について広く論じている。序章「閾のありか」（佐藤俊樹）では，実際のテクストに徹底的にもとづきながら，意味の解除と捉えなおしを行うことの重要性が指摘されている。

②赤川学, 1999, 『セクシュアリティの歴史社会学』勁草書房。

　1870〜1970年代の日本におけるセクシュアリティ言説の変容を，膨大な量の単行本・雑誌・新聞記事から分析している。読者からの反証可能性を確保しておくための資料収集手順の開示方法や，ある時代に共通する解釈枠組をテクストから示す手法など，さまざまな面で参考になる。

③見田宗介, 2004, 『新版　現代日本の精神構造（オンデマンド版）』弘文堂。

　初出は1963年。第1部「現代における不幸の諸類型」は「人生案内」を用いた質的研究の古典として非常に有名。1962年の『読売新聞』「人生案内」に掲載された304件の相談を用いて，当時の日本社会における「疎外」の構造を分析している。

注

(1)　なお新聞・雑誌記事は文字資料なので，いわゆる質的データにあたるが，これを分析する際の手法は，必ずしも質的分析のみとは限らない。テキストをめぐる解釈や意味づけの変容といった，数字では表せない質的分析のほかにも，記事中に用いられる単語の出現頻度を量的に分析するなど，質的データを量的データに変換して処理するタイプの手法もあり，現在ではそのためのソフトも存在している。本章では主に前者の例について紹介していく。

(2)　NHK放送文化研究所による「国民生活時間調査」の2020年データによると，平日1日当たりの新聞購読時間の平均は70歳以上で36分，60代で19分だが，40代と50代では5分，10代と30代では1分，20代に至っては0分である（NHK放送文化研究所 2021）。

(3)　実際には予備調査で記事の現物をある程度収集・確認しながら，自分にとって最も適切な対象資料がどれなのかを決めていく，という順番になることも多い。

(4)　これは現代であればデータベースの見出し検索が利用されたかもしれない。

文献

木村涼子, 2010, 『〈主婦〉の誕生——婦人雑誌と女性たちの近代』吉川弘文館。

国立国会図書館, 2021, 「雑誌の総目次を探す」（https://rnavi.ndl.go.jp/research_guide/entry/post-559.php）。

見田宗介, 1984, 『新版　現代日本の精神構造』弘文堂。

中尾香, 2009, 『〈進歩的主婦〉を生きる——戦後『婦人公論』のエスノグラフィー』

作品社。

NHK放送文化研究所，2021，「国民生活時間調査2020——生活の変化×メディア利用」（https://www.nhk.or.jp/bunken/research/yoron/pdf/20210521_1.pdf）。

野田潤，2008，「『子どものため』という語りから見た家族の個人化の検討——離婚相談の分析を通じて（1914～2007）」『家族社会学研究』20(2)：48-59。

落合恵美子，1989，『近代家族とフェミニズム』勁草書房。

大塚明子，2018，『「主婦の友」にみる日本型恋愛結婚イデオロギー』勁草書房。

大宅壮一文庫公式ホームページ（https://www.oya-bunko.or.jp/）。

沢山美果子，1990，「子育てにおける男と女」女性史総合研究会編『日本女性生活史4 近代』東京大学出版会，125-162。

田間泰子，2001，『母性愛という制度——子殺しと中絶のポリティクス』勁草書房。

上野千鶴子，2018，『情報生産者になる』ちくま新書。

山田昌弘，1994，『近代家族のゆくえ——家族と愛情のパラドックス』新曜社。

山田昌弘，2017，『悩める日本人——「人生案内」に見る現代社会の姿』ディスカヴァー携書。

読売新聞，1958年12月21日，「人生案内座談会　しあわせを求めてこの1年」東京版夕刊3面。

読売新聞，1989年12月30日，「人生案内この1年　時代の風潮映す『家族』」東京版朝刊14面。

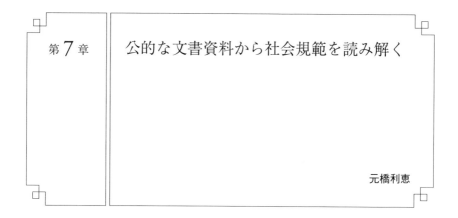

第7章　公的な文書資料から社会規範を読み解く

元橋利恵

1　オーソライズされた言説を読み解く意義

正統化／権威化された知とは

　わたしたちを取り巻く知識はさまざまな性格を帯びている。本章では，政策や教育，科学などに関わって正統化／権威化されている知の言説分析について扱いたい。

　そもそも知が正統化／権威化されるとはどういうことだろうか。わたしたちは社会生活を営むなかで，自らの考えや行動の指針となるものを探してあらゆる情報を参照しているが，そのなかでもたとえば，政府や行政機関が発信している情報，大学や研究機関が発表した科学的な知見にもとづくとされている情報などは正統性のある知識として受け止められる傾向がある。具体的には，政府の政策を議論する会議の議事録，各省庁が行政活動の現状や対策・展望などを国民に向けて報告するための白書，省庁や自治体の作成したパンフレットやポスター，そしてそこで参照された専門家による研究や科学的言説などが挙げられる。さらには，学校教科書，専門家や企業に向けた行政の指導に使われるテキストなども，正統性のある知識の伝播に使用される重要なツールとなる。これらの言説は，一般的に，国や権威に裏づけされたもの，時の権力の意図が反映されたものとして明確にもしくは暗黙のうちに理解されており，それゆえ

に，オーソライズ（authorize）つまり正統化または権威化されていると考えることができる。

　しかし，そもそも権威がなぜ権威となるのかということ自体が社会学的な問いであるし，実際に人々がなにを権威とみなしているか，上記のような知をどのように受け止めているのかなどといったことは，別の検討すべき問題として存在している。重要なことは，ある知識はその内容ゆえにオーソライズされているのではなく，時の権力が認め，必要とし，政策的に位置づけられ行政機構に組み込まれているといった社会関係が存在するからこそオーソライズされているのだということである。そして，いかなる知識がいつどのように行政機構に組み込まれるのかは，社会や政治の状況により変化する。なお，たとえば宗教的権威など，社会にはさまざまな正統化/権威化が存在すると考えられるが，この章では主に公権力によって正統化/権威化された言説を扱う。

なぜオーソライズされた言説は研究の対象になるのか

　では，公権力によって正統化/権威化された言説は，なぜ研究の対象になるのだろうか。公権力は，行政活動や政策を実施していくうえで必要であるため，わたしたちに対して合法的にルールを強制する力をもっている。それゆえに強い規範力をもつ。ある政策は，家族像，教育のありかた，働きかたなどさまざまな「望ましさ」が前提とされている。また，そもそもなにが政策上の課題であり解決が必要な問題とみなされるのかは政治的に決定されており，少子化や貧困といった一見自明の社会問題がどのようなロジックで問題化されているのかを明らかにすることも，公権力とわたしたちの関係を考えることになる。

　重要なことは，行政や政策，学校教育などで掲げられている「望ましさ」と社会的に目指されるべき善の間には，常にズレが生じていると考えられることである。多数にとっての「望ましさ」は，誰かにとっては非常に冷たく抑圧的に作用することもある。たとえば第3節でみていくように，ある問題は社会や政治の責任ではなく自己責任で解決すべきという「望ましさ」が公の見解とされていくことは，問題を抱える当事者を孤立させ追い詰めることにもなり得る。

　また，近年ようやく問題視されつつあるが，社会の規範的な言説の生成に関わるような，議員，官僚，法律家，医師，研究者などの権威をもつ職業に占める女性をはじめとした社会的マイノリティの割合が，非常に少ないという現状がある。後の節でもみていくように，たとえば家族のありかた，出産や育児についての「望ましさ」は女性の生きかたや自己イメージに大きく影響することであるにもかかわらず，女性の声が充分に政策に反映されているとはいえない状況がある。社会的マイノリティとして生きる人のリアリティを明らかにするには，「望ましさ」がいかにマイノリティを周縁化したり無視したうえで成り立っているか，もしくは，管理しコントロールしようという発想にもとづいているかなどといった「望ましさ」に内在する論理を明らかにすることが，有効な方法であると考えられる。

　もちろん，「望ましさ」を研究の対象にするとき，国家権力をただただ敵視すればよいというわけではない。次節でも述べるように，実際にオーソライズされた言説を読み解いていくと，中立的であり，あからさまに一方的で強制的な言説というわけではないことが多くあり得る。また，「望ましさ」は複数の担い手によってつくられているものであり，わたしたち自身も担い手である。オーソライズされた言説を読み解くとは，必ずしも顕在化していない公権力からわたしたちに対するメッセージを，資料の背景や他のメディアとの複合的な分析で読み解いていくおもしろさであり，それはより開かれた知のありかたを考えていくための土俵を提供するという意義も有している。

2　具体的な調査のイメージ

問題意識と資料をすり合わせる

　実際に調査を進めていく際には，自身の問題意識と，それについてなにか読み取ることができそうで，かつ入手することが可能な資料をすり合わせていくこととなる。最初から資料を限定してしまう必要はない。たとえば，「教科書」を分析してみる場合，まずは子どもが授業で使う教科書が思いつくが，ほかに

も保護者向けの読本，教員などの指導者が指導法を学習するための指導書，各教科の教育基準となる学習指導要領など複数の資料を手に入れて眺めてみると，自分がどのようなことを明らかにしたいのかがよりみえてくる可能性もある（筆者の経験については第5節を参照）。教科書は各出版社によって編集され，それぞれ出版社の特色があり，学習指導要領やその関連資料は文部科学省によって編集されている。

　いかなる目的のために作成されている文書もしくは媒体なのか，誰が読むことを想定しているものなのか，その作成に関わっているのは誰なのか，どのような利害関係が存在していると考えられるのかなどを念頭に置きながら資料を選定していくこととなる。またその過程で新たな資料を発見していくこともある。

データの収集

　公的な文書を分析することの利点の1つは，公開が前提のものであるがゆえに資料が収集しやすいことである。白書や報告書の類は，図書館に入っていたり，各省庁や自治体のホームページ上で公開されている。いつからいつまでの資料を収集するのか見当をつけていれば，発行元に直接問い合わせることも可能である。また，行政による指導や助言，注意喚起や啓発事業などで使用される文書も，比較的入手が容易である。ただ，過去のものと比較する場合，古いものがアーカイブ保存されているかどうかに注意する必要がある。

　教科書は，過去のものも含めて教育大学の図書館に所蔵されていることが多い。大学図書館は，外部の者であっても手続きをすれば閲覧・コピーが可能なため，ぜひ足を運んでみてほしい。教育現場で直接指導にあたる教師が参照するような指導書であれば，専門図書館や出版元にあたるなどが必要になる。もし自分がその分野に明るくない場合，直接資料として使わなくても，教師にどのような資料や指導書を参照しているか聞き取りを行ったり，助言を仰いだりということもデータ収集のプロセスとしてあり得る。

　また，資料を収集する過程で，その資料がいつ，どのように，なんのために

使われていたのかという資料そのものの特徴や性格も調べ，記録しておくと，論文執筆の過程で役に立つ。第4節でも紹介するが，報告や執筆の過程では，その資料が自分自身の問題意識や研究にとってなぜ適切であるのか説明する必要があるためである。また，自分自身もその資料の性格を踏まえたうえで内容を読み込んでいくことができるようになる。

分析と解釈

　資料を取集したら，まず自分自身で読み込み，①内容の特徴や，調べたいことについての変化はいつからいつまでの時期で区切ることができるか，②どのような変化がみられているのかを押さえていく。特徴的な言い回しや象徴的な言葉があれば，それらの言い回しや言葉を分析の軸とし，それらがいつから現れたのかを調べていくというのが，基本的な進めかたの第一であるといえるだろう。

　次に，資料の本文に顕在的に現れている記述だけではなく，言外のメッセージや文脈とのつきあわせも積極的に取り入れていくとよい。次節以降で紹介するように，資料の挿絵の内容や配置，記述のボリュームの変化，また当該資料がどのような経緯で作成されたか，その言説が当事者や社会状況との関わりにどのように作用するかなどもポイントとなる。

　分析を進めていくなかで意外とつまずいてしまうのが，資料に記されていることが，一般感覚からみて常套であったり，一見するとただ「いいこと」を言っているようにみえてしまい，分析を進めようにもとっかかりがつかめない場合があることである。その場合は，資料本文にあるような「建前」と，上述した必ずしも明文化されていないメッセージ，つまり「本音」を探るように考えてみるのがよい。一見すると「いいこと」であっても，誰がそこには含まれていないのか，どのような可能性が捨象されてしまっているのか，それは当事者にとって現実的であるのかなど，社会学的想像力を駆使し，批判的に検討していくことが解釈においては不可欠となる。

　本節では，調査の進めかたの要点を抽象的に記述した。次節以降では，いく

つかの研究事例に基づき，資料の分析はどのような社会学的な知見につなげることが可能なのかを紹介したい。

3 研究事例から
―教科書や公文書の分析―

検定教科書に描かれる家族のイメージを読み解く

　オーソライズされた言説の分析の古典的研究の１つに牟田和恵『戦略としての家族』（1996年）がある。この教科書の内容分析のなかで牟田は，近代国家の体制とともに変化した家族意識の変容を，明治期の修身（今でいう道徳のような教科）教科書の内容から読み解いている。家族研究において国定修身教科書は，近代以降日本において作用してきた家族国家観という，「家族」と「国」を接合し，天皇・国家に対する人々の忠誠を動員・正統化するイデオロギーをまさに国民に教化する媒体と考えられ，研究対象とされてきた。

　牟田は，明治時代に発行された修身教科書本文の記述に加えて，挿絵などに含まれるメッセージにも着目している。挿絵からは，当初は遠かった親子間の距離が徐々に近くなり，家族関係の親密さや親子関係が合理的かつ情緒的に重要なものとして位置づけられていったことが読みとれる。家族国家観が，国家から人々への一方的で強制的な押しつけではなく，人々の家族に対する心性を涵養するかたちで根づいてきたことが，教科書そしてそのなかの挿絵の変容から浮かび上がっている。

　また，表真美は，牟田の研究を踏まえつつ，修身教科書に記された家族の食卓風景から「家族団らん」が家族の理想とされていく変化をみていく。明治期から昭和初期の家事科という教科の教科書では，食卓での家族団らんが，家族の精神的な結びつきを深めるために，そして家事の合理化や家庭の規律のために望ましいものとなっていったことを明らかにしている（表 2010）。そのような家族団らんの望ましさは，戦時体制期には国力の増強のため，戦後には民主的な国家をつくるためといった，その時々の「望ましい」国家のありかたと結

びつけられてきたことが考察されている。

　さらに表は，過去の家事科の教科書から現代の家庭科の教科書までの間の望ましいとされる食卓を囲んだ「家族団らん」の変化をみるために，戦後から2000年代初頭までの家庭科教科書の記述の変遷も追っている。その際には記述の変遷を追うために，第 2 次世界大戦後から現在まで発行し続けている家庭科教科書を選択している。

　このように，教科書の分析は，理想的な家族の姿の変容を比較的長い期間にわたって追うことができるとともに，わたしたちの抱く家族の理想像を通して国家にとっての「望ましさ」が民衆へ教化されてきたという歴史のダイナミズムの一端をつかむにも役立つことがわかる。

『厚生白書』や自治体の報告書から社会問題を構築するロジックを読み解く

　現代における公権力の問題を扱った研究に，諸田裕子による「『不妊問題』の社会的構成」（2000年）が挙げられる。この研究では，不妊というきわめて個人的な出来事が，いかにして社会的な問題，つまり「解決すべき問題」とみなされていったのか，そして国家や政策が介入することが正当化されてきたのかということが問題意識となっている。諸田は，複数の政策文書（1998年発行の『厚生白書』，1997年に提出された人口問題審議会による報告書「少子化に関する基本的考え方について」，1997年に出された神奈川県の自治総合研究センターによる報告書「少子社会と自治体」，1998年にまとめられた少子化についての有識者会議議事録）を用いている。

　上記の文書を読み解いてわかるポイントの 1 つは，少子化や「不妊」問題についてはあくまで女性の「主体的な決定」が強調されている点である。これは女性が「産む・産まない」を自己決定する権利をいうリプロダクティブヘルス/ライツの考え方が反映されているという意味では，一見進んだ考えのあらわれであると思われる。

　だが諸田は，たとえば子を望む女性の「ライフスタイルの実現・尊重」という「女性の主体的な決定」の重視は，女性のためというよりも，あくまで「不

妊問題」に政策的な介入を行うことを正当化するレトリックであると指摘している。そしてそのようなレトリックを行政が用いることは，「あなたが選んで，あなたが決めたのだから」という「自己帰責化」の論理に容易につながってしまうことが危惧される。実際，現在ではそのような論理が社会のそこかしこにみられる。

　もう1つのポイントは，諸田はマスメディアにおける「不妊問題」の語られかたについても分析しており，複数のメディアの分析と考察を行っている点である。政策文書と合わせてマスメディアの言説をみていくことで，「不妊問題」が「自己帰責」を前提とするようなかたちで社会問題化されていることを読み取っている。また，マスメディアの言説の分析は，政策文書の分析に対する裏づけとしても位置づけられる。

　このように諸田の研究は，一見，当事者に寄り添いなんの問題もないようにみえる言説であっても，それが政策の正当化として用いられたときに，当事者たちにはどのような意味をもつものとなってしまうのかを鋭く指摘している。第2節でも説明したように，政策的な「建前」と「本音」（もしくは予期せぬ展開）を冷静に分析しているという点でも参考になるだろう。

4　研究事例から
―母子健康手帳と副読本から母親への期待を読み解く―

　最後に，わたし自身の研究を事例として紹介することで，資料の収集や分析の過程，悩んだポイントなどの内幕も紹介したい。以下の内容は，主に元橋（2014）に依拠したものとなっている。

現代の母親は楽になったのだろうか——母親にはなにが期待されているか

　わたしの調査研究の問題意識はまず，「2000年代以降に母親である女性の置かれている状況はどのようになったのか？」「現代の母親は昔と比べて楽になったのか？」という非常に素朴なものであった。母親に対して課される社会

的な抑圧についての先行研究は多くあるが2010年代初めに，手に入るものは1980〜90年代のものが多く，そこではジェンダー，フェミニズムの視点から，「母性本能」や「３歳児神話」「母乳主義」といった1980〜90年代当時は科学的で権威があるとされていた言説が批判的に検討されていた。

　わたしが研究を行った2010年代初頭では，確かに母子の孤立や母親に対する育児プレッシャーが問題としてありつつも，同時に母親支援を掲げた「イクメン」ブームと呼ばれる父親の育児参加の推奨もキャンペーンとして展開されていた。わたしは母親をめぐる状況は複雑化してつかみにくいという印象をもっていた。そこで，母親に期待される望ましさを「母親規範」と名づけ，現代の母親規範の一端を切り取るにはいかなる資料が適切であるかを考えることにした。

資料の選定と収集の過程

問題意識とのすり合わせ

　母親に期待される望ましさ（＝「母親規範」）を切り取るには，さまざまな媒体が想定される。新聞や雑誌記事，日記や手紙，インターネット上のブログやSNS，もしくは参与観察や当事者へのインタビューも考えられるが，わたしは正統性があると考えられている「望ましさ」に着目することにした。

　さらに，公的な機関の見解を読み取れる資料のうち，行政文書，保健師や保育士に向けた指導書，学校の家庭科教科書，母子手帳などが研究対象と考えられた。このうち，母親や母親になり得る人たちを直接の読者に想定している媒体として，家庭科検定教科書と母子健康手帳を選択し，その内容の変遷を分析することにした。

　母子手帳の収集と分析に取り組む前に，高校の家庭科教科書の保育に関する記述を1950年代から収集して目を通す作業も行った。結果として，教科書の分析は当時の自身の視点がうまく活かせず採用しなかったが，家庭科教科書の分析に意味がないということではない。当時の自分にはなかった新たな視点や方法を用いれば，今後活用していくことができると考えている。

図7-1　1951年度（昭和26年）母子手帳表紙（左），
2012年度（平成24年）母子健康手帳表紙（右）

母子健康手帳の特徴をおさえる

　みなさんは自分の母子健康手帳をみたことがあるだろうか（もちろん，なかに
はさまざまな理由で母子健康手帳をもっていない人もいると思う）。母子健康手帳と
は，妊娠中から出産時，乳幼児期（現在は6歳まで）を通じて利用できる成長記
録のための手帳である（図7-1参照）。日本では母子保健法という法律によっ
て，妊娠の届け出と市町村による母子健康手帳の交付が義務づけられている。
母親は，妊婦健康診査や両親学級（母親学級），出産後の乳幼児健康診査，予防
接種など，妊娠中から出産後の医療機関受診時には必ず母子健康手帳を持参し
記録してもらうしくみになっており，妊娠して以後の社会保障や医療へのアク
セスにおいても重要な役割を担っている。このように，限られた人だけではな
く，日本社会で生活するほぼすべての母親に配布されることも，社会規範を分
析するうえでは重要な要素であった。

　先に述べたように，自分が分析に用いる資料は自分自身の問題意識や研究に
おいてなぜ適切であるのかを説明する必要がある。わたしの場合，最もおさえ
ておきたかった母子健康手帳の特徴は母親に対する管理のツールとして位置づ

けられるものであり，それゆえ母親に対してまさに「望ましさ」に沿うように
働きかけるための媒体だということである。母子健康手帳は，1942年に国の人
口政策の一環として創設された妊産婦手帳を始まりとする。妊産婦手帳の原型
は，ナチスドイツが戦時中に配布していたムッターパス（Mutter Pass）といわ
れる「妊婦健康記録自己携行制度」である。日本が戦時体制へ移行するなか
1938年に国家総動員法が制定され，国の施策として「健兵健民」が推進された。
乳児死亡率の改善や人口増加と国民の体力向上など，国防の目的に資すると考
えられるさまざまな施策のなかでも特に重点を置かれたのが，母子衛生と母子
保護施策であった。

　日本で導入された妊産婦手帳は健康記録を手帳に書き込む形式をとったこと
により，身近で生活に根ざした存在となり，妊産婦手帳制度の開始当初から，
全妊婦の7割が妊娠の届け出を行い，手帳の交付を受けたといわれている。そ
れ以降，妊娠の届け出を行った女性に対する手帳の交付という制度は，70年間
変わらずに維持され，日本の誇るべき厚生事業として海外にも紹介されている。
　妊産婦手帳はその後，時代とともに改訂され，母子手帳そして現在の母子健
康手帳へと改称されている。その内容は各時代の育児をめぐる法制度や科学的
趨勢を反映する。日本の母子衛生行政は，母子健康手帳を通じて妊娠期から子
が幼児になるまでを一貫して管理することにより，母性や乳幼児保護の徹底を
実現しようとしてきた。そして母子健康手帳を通じて母親と乳幼児の人口だけ
ではなく，健康状態や家庭環境などもまた管理対象とされてきた。

　もちろん，交付された母子健康手帳を利用している母親は「管理されてい
る」と意識しているわけではないし，医師や保健師も「管理してやろう」と考
えているわけではない。上述したような制度の歴史や性格からして，母子健康
手帳は管理的な性格をもちつつも（つまり「本音」），他方では必要な福祉サー
ビスを提供する重要なツールとして社会に位置づいている（つまり「建前」）こ
とがわかる。以上のように，その資料のもつ性格を明らかにしつつ，自分の研
究においてはどの点に注目すべきかを明確にしておくことが重要である。

母子健康手帳と副読本の収集

　母子健康手帳を発行するのは各地の自治体である。手帳の内容は,「省令様式」と「任意様式」にわかれており,「省令様式」は必ず書き入れなくてはいけない部分となっている。つまり,この部分は全国どこの自治体の母子健康手帳であっても統一された様式となる。これは法令で定められている様式で,図書館や厚生労働省のホームページで pdf データを簡単にダウンロードすることが可能である。[(1)]

　母子健康手帳そのもののこういった性格をおさえつつ,実物を手にとり眺めてみることも大切である。母子健康手帳は実際に母親が手にとって使うものであるため,どんな情報がどのような字の大きさや分量で書かれているか,また手に取ったときにどのような情報がまず目につくかといった感覚を理解しておく必要がある。そこで,最新のものから過去のものまでひととおり実物の母子健康手帳を収集することにした。

　母子健康手帳は1942年から2012年度までに17回改訂されており,このうち全面的な改訂が行われたのは9回である。そのため,改訂ごとの内容を網羅できるように,10種類の母子健康手帳を収集する必要があった。

　また,実際に手にとってみると,母子健康手帳自体は情報を記録しておく媒体なので,文章でのメッセージはほとんど記載されないことがわかった。内容の変化をもっと具体的に読み取るために,母子健康手帳副読本（副読本）という冊子を補助的に分析に用いることとした。副読本は,公益財団法人母子衛生研究会（1959年〜）（国の推進する母子保健施策と連携し,保健指導者への啓蒙・教育や,妊産婦や子育て中の親を支援を行う厚生労働省の外郭団体）によって1964年に創刊されており,全国の地方自治体で母子健康手帳とセットで母親に配布されている。この副読本も内容を網羅するように改訂年ごとに収集した。[(2)]収集にあたっては作成元である財団法人母子衛生研究会に連絡し,アーカイブ保存されていたものをコピーした。

　困ったのは,副読本も母子健康手帳も自治体によって配布されているにもかかわらず,現行のバージョンは在庫として置いてあるが,過去のものは残して

おらず捨ててしまっていることであった。自治体からすれば過去の母子健康手帳は，ポスターや配布物と同じように不要なものでしかなく，残しておく理由がないのである。自治体に電話で問い合わせたり，厚生労働省にも足を運んで過去の母子健康手帳を置いていないか確認する必要があった。厚生労働省で母子健康手帳が欲しいと受付で伝えたところ，妊娠したが相談先がわからず困っている女性であると勘違いされてしまった。女性職員がとても丁寧に対応してくれたが，手帳は入手できず，当時の最新版の母子健康手帳だけもらった。

分析と考察

　分析の過程では，先行研究から明らかにされた母親規範の変化に着目し，母子健康手帳および副読本を次の3点から分析した。①育児者として誰を想定するか，またその呼称の変化，②母子健康手帳における期待される育児の質の変化，③母子健康手帳における所有者（母親）へのはたらきかけ（知識伝達の形式）の変化の3つである。①では育児における母親役割や父親役割がどのようなものとして登場し，どのように変化してきたのか，②では，育児者に対してどのような育児行為がどの程度要求されてきたのかに着目している。

　①②の分析では母子健康手帳に書かれている内容の変化を読み取っているのに対して，③の分析は，母子健康手帳に特有の形式に着目している。当初は①②の分析しか行う予定はなかった。だが，①の変化の分析では，研究を行う前に想定した通りに，母親の負担を減らし父親の育児参加を奨励・推進するような言説の変化がみられた。母子健康手帳（および副読本）の記述からそのような変化が確認されたことは，正直なところありきたりであり面白味に欠けると感じた。

　そこで，時代の趨勢を反映し，表面的には母親への「配慮」をより前面に出した記述になった一方で，あからさまではないかたちで母親にはなにが要求されてきたのかを②と③の分析で着目した。母子健康手帳はその所有者である母親に，読むだけではなく，書き込ませ，それを医師に見せるといった行為を要求するものである。それをどの程度要求し，またどのような内容を書き込むよ

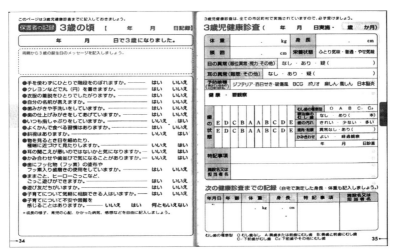

図7-2　母子健康手帳の「記録」のページの例

う求めてきたのか，その変化に注目した。

　たとえば，母子健康手帳には1965年の改訂以降，「記録」というページができ，年齢段階ごとの母体と子どもの心身の状態を記録していくようになっている（図7-2参照）。

　初期は医師や保健師による書き込みのみが想定された簡素なページであったが，1970年代半ばに大幅な改訂がなされ，書き込みスペースも大幅に拡大され，[3]このときの改訂により，医師や保健師だけでなく母親も記入する形式になった。このように，母親への質問，母親の書き込みがより多くなっていることがわかった。

　さらには，「記録」欄を含めた母子健康手帳全体で母親に「読ませる」項目から，「書き込ませる」項目が2000年代以降より増えていること，「書き込ませる」項目のうちでも，名前，体重，身長といった「事実」以外の，自由記述で母親の気持ちや考えを書くように指示しているスペースが増えていることがわかった。

　このように「書き込ませる」という形式は，近代国家が誕生してからの学校教育，また女性の主婦化のなかでもみられた方法である。小学校では「あのね

帳」のように本来人に見せない日記帳を先生にみせることが教育に組み込まれている。家計簿や主婦による日記の研究（西川 2009）においても，継続的に記録を書き込むことや自分の心の内側を書き込ませることは，自発的に目的をもって物事に取り組み努力する自律的な主体の形成のプロセスであると考えられている。このような先行研究を踏まえると，母子健康手帳において母親により多くを要求し，書き込みを求めるということから，母親を管理するという母子手帳の機能はより強化されていると考えることができる。

　以上のように，分析の際には資料に書かれた内容の変化をみるだけではない。その資料の特徴や受け手の立場を想定し，知識の伝達方法の変化，媒体の形式上の変化に注目してみることも発見につながり得る。母子健康手帳の例では，育児は母親だけがするものではなく父親と共同でするものである，という一見男女平等に思える言説への変化があるその一方で，母親にはより主体的に，より努力せよというメッセージが与えられていることがわかった。「現代の母親は楽になったのか？」というわたしの当初の問題意識に対しては，「楽になったとはいえない」という結論を導くことができるだろう。

　権威化された知識は，あからさまに抑圧的であるよりも，一見当事者によりそい，また世間の趨勢を鑑みた正当性のあるメッセージを発していることが多くみられる。だが，その知識の伝達の方法や実際に当事者が置かれた社会的文脈をみると，また別のメッセージが与えられていることもある。そして，それこそが当事者のしんどさの一側面であると考えられる。第3節の諸田の分析にも共通するが，あくまで主体性を尊重されるかたちで，ときには「自己責任」を植え込まれるかたちで，子育てが依然として母親の問題として語られているという大きな問題が背後にあることがわかる。

その後の課題——調査はつづく

　母子健康手帳の内容の変化をみると，新たな課題として，では実際に母親は母子健康手帳をどのように使っているのかや，彼女たちにとって母子健康手帳はどのような意味をもつものであるのか，また母子健康手帳の内容が決定され

る政策的議論はいかなるものであったのか，父親の手帳の使用は広がるのかなど，さらなる調査課題がでてくる。

　このように解決されていない問いに思いをめぐらすと，1つの研究として文書資料から読み取れることは，社会を説明するほんの一面に過ぎないと感じてしまうかもしれない。だが，わたしたちは，権威化されている文書資料ほど，日常のなかでわざわざ問い直さないものである。一部分を明らかにすることで，じつは問い直されてこなかった事実に気がつくことも多々あるし，まだ明らかになっていないことが明確になったということ自体が，調査研究をし，成果としてまとめることの重要な意義であるともいえる。ぜひ楽しみながら挑戦を続けていってほしい。

文献案内 📖

①小山静子，2009，『戦後教育のジェンダー秩序』勁草書房。
　第5章「『家庭づくり』をめぐる政策」では，審議会答申という行政の施策決定の過程で作成される意見書を細かく検討し，戦後すぐから1960年代に女子教育に期待された「家庭づくり」の政策的な展開過程を明らかにしている。政策文書の読み解きかたとして参考にされたい。

②本田由紀・伊藤公雄編著，2017，『国家がなぜ家族に干渉するのか——法案・政策の背後にあるもの』青弓社。
　自民党や内閣が掲げる「家庭教育支援法案」「親子断絶防止法案」「自民党憲法改正案」「内閣府婚活支援策」など家族に関わる法律案や施策の内容を読み解き，国家が描く望ましい家族の像が強制される事態に警鐘を鳴らす。進行している事実と資料をつきあわせつつ背景を読み解く記述からは，社会学的な想像力を養うことができる。

③玉城福子，2022，『沖縄とセクシュアリティの社会学——ポストコロニアル・フェミニズムから問い直す沖縄戦・米軍基地・観光』人文書院。
　第3章「沖縄戦の被害者をめぐる共感共苦の境界線」では，行政が公共事業として作成する自治体史誌を資料にし，そこで記述される「歴史」が「慰安婦」を周縁化していることを，資料が生まれた社会的・政治的文脈を踏まえて論じている。オーソライズされる歴史とそこからこぼれ落ちるものへの鋭い洞察を学ぶことができる。

注

(1)　厚生労働省ホームページ『母子健康手帳について』(https://www.mhlw.go.jp/
stf/seisakunitsuite/bunya/kodomo/kodomo_kosodate/boshi-hoken/kenkou-04.html)
（2021年10月20日閲覧）

(2)　副読本は，1964年度版，1974年度版，1985年度版，1995年度版，2001年度版，
2012年度版の 6 冊をデータとして使用した。

(3)　現在のような「妊婦の記録」「出産の記録」「保護者の記録」を指す。特に「保護
者の記録」については，この改訂以降，生後 4 週間から 1 ヶ月， 3 〜 4 ヶ月， 6 〜
7 ヶ月， 9 〜10ヶ月，満 1 歳， 1 歳 6 ヶ月，満 2 歳，満 3 歳，満 4 歳，満 5 歳，満
6 歳まで，それぞれの段階の発達・発育について記録する様式となった。

文献

西川祐子，2009，『日記をつづるということ——国民教育装置とその逸脱』吉川弘文
館。

諸田裕子，2000，「『不妊問題』の社会的構成——『少子化問題』における『不妊問
題』言説を手がかりに」『家族社会学研究』12(1)：69-80。

元橋利恵，2014，「『男女共同参画』時代の母親規範——母子健康手帳と副読本を手が
かりに」『フォーラム現代社会学』13：32-44。

牟田和恵，1996，『戦略としての家族——近代日本の国民国家形成と女性』新曜社。

表真美，2010，『食卓と家族——家族団らんの歴史的変遷』世界思想社。

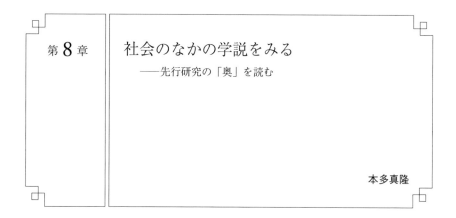

本多真隆

第8章 社会のなかの学説をみる
——先行研究の「奥」を読む

1 先行研究の検討のその先へ

　あなたは，レポートや卒業論文を書く際に，指導教員や先輩たちから「先行研究をよく調べ，検討しなさい」と言われた経験はないだろうか。作業の負担が増えてしまうわけだから，「面倒くさい」と思ったこともあるだろう。なぜ先行研究の検討という形式的なことにいちいちこだわるのか，しっかりした内容が書けていればそれで充分ではないのか……と。

　本書のほかの章でも強調されているように，論文を書くとは，自分が学んだことや調べたこと，考えたことをたんに書き連ねていくことではない。それらの作業から，先人たちの研究の積み重ねを踏まえたうえで，自分なりの新たな知見を導き出すことである。しばしば引き合いに出される「巨人の肩の上に立つ Standing on the Shoulders of Giants」という言葉は，先人たちの成果を学んでこそ，はじめて新たな視界が開けてくることを意味している。そのため残念ながら，先行研究をきちんとおさえていない論文は，少なくとも論文としては認められ難いのである。このあたりまでの話は，すでに聞いたことがあるという読者もいるかもしれない。とはいえ，まだ研究を始めていない段階では，なにを言っているのかピンとこないというのが正直な気持ちではないだろうか。

　ともあれ，それでも真面目なあなたは，先生らにしたがいながら先行研究を

調べる作業につくことだろう。Cinii Research などの論文検索サイト，あるいは大学図書館のオンライン蔵書目録（OPAC）で，テーマに関連するキーワードをとりあえず入力してみる。だがそこで愕然とするケースも少なくないはずだ。こんなにたくさん先行研究が出てくるのか……と。たとえば Cinii Research で「家族」と入力すれば9万件以上ヒットする（2022年1月時点）。大学図書館の棚には，いつからそこに置かれているのかもわからない，「家族」に関する古い文献が鎮座していることだろう。先行研究を調べる際はこうした古い文献まで調べなければならないのですか，という疑問はもっともなものではある。過去の学説は一見すれば，すでに過ぎ去った時代のことを扱った研究にしかみえないかもしれない。

　だが一方で，ものごとの新しい「論じかた」が発見されたり，研究領域が新たな展開を迎えたりする際は，過去の学説の検討が行われていることが少なくない。特に社会状況が大きく変われば，過去の学説では説明できない場面もみえてくる。そのときに，過去の学説がいかなる社会状況の産物であったかをみるということが，現在の社会に適した「論じかた」を探るうえでアクチュアリティのある作業になってくる。学説史研究の基本的な関心は，ある学問領域における問題設定およびその変遷を，その領域の古典などを紐解きながらつかむことにあるといえるが，こうした新しい「論じかた」の発見も学説史研究の目的の1つに含まれる。

　過去の学説，特にすでに古典となっているような学説を対象とする研究としては，その古典の議論を微細に検討したり，また現在への応用可能性を引き出したりする理論研究的なアプローチも考えられる。たとえば斎藤幸平（2019）は，19世紀のマルクスの学説を，21世紀の環境問題などにも適用できる「エコロジカルな資本主義批判」として再構成することを試みている。社会学の理論は，過去の理論の再解釈から議論を始めていることも少なくない。

　とはいえ本章では，このような理論研究的なアプローチではなく，学説を社会的なコンテクストのなかに位置づけることでみえてくる側面，すなわち社会のなかの学説という観点に議論を焦点化したい。過去の学説はともすれば，知

見が古びてみえたり，読みにくく思えたりするが，その学説が出された社会的背景も含めてみると理解しやすくなることも多い。そしてそうした読解は，先行研究の記述をより深くするだけでなく，新しい「論じかた」を発見するような学説史研究につながることもある。

　本章では，あなたの前に膨大に広がっている先行研究の群れに線を引く作業（先行研究のとりあげかた）から始め，そこからさらに一歩進み，過去の学説を社会的背景とともにみる意義とそのエッセンス，そして学説史研究として知見を産出するプロセスの「さわり」までを概説する。あとでも述べるが，過去の学説を新しい視点から読み直すことは，後続の世代だからこそできることでもある（もちろん同時代を伴走してきた研究者のほうがその社会的背景を熟知していることが多いが）。物量やみかけ上の読みにくさにたじろがず，ぜひ，あなたならではの線の引きかたを発見してほしい。

2　先行研究に線を引く

自分のための研究史を作る

　まず大前提として，先行研究のとりあげかたや古典の読みかたに，統一的なやりかたがあるわけではないということを述べておきたい。先行研究を参照するとは，それまで蓄積されてきた研究史に自分の研究を位置づけることであり，それは当然ながらテーマのたてかたごとに異なる。

　とはいえいくつかパターンがないわけではないので，まずはそこから先行研究のおさえかたをみていこう。歴史学者の村上紀夫（2019）は研究史の類型について，①累積漸進型，②対立抗争型，③論点整理型，④問題解決型，の4つを挙げている[(1)]。

　①累積漸進型は，あるテーマについての知見がどのように積み重ねられてきたのかをおさえるものである。書きかたとしては，これまでに明らかになった知見を時系列順にまとめ，そのうえで自分の研究を位置づけるものが考えられる。②対立抗争型は，あるテーマについての対立的な見解をまとめてそのなか

に自分の研究を位置づけるものであり，複数の仮説があるテーマなどに向いている。③論点整理型は，①②のような知見や見解のまとまりがない先行研究の群れに線を引くものになるだろう。これは新しいテーマを論じる際などに多かれ少なかれ必要な作業になる。④問題解決型は，研究史のなかから解決すべき学術的問題や問いを導き出すことのほかに，社会学の場合は，同時代の社会問題（たとえば少子化）に対して自分の研究を直接的に位置づけるものなどが考えられる。

　以上はあくまで概略だが，先行研究の収集がうまく進まない場合は，ひとまずこれらのうちのいずれかで先行研究を集めていくのも１つのやりかたである。先行研究の収集に際しては，学術論文にはたいてい注や参考文献リストがあるので，そこから関連文献を手に入れさらにその文献の参考文献リストをみるという，いわゆる「芋づる式」が定番である。

研究領域のなかでの位置づけを知る

　先行研究を集めるうえでは，自分のテーマがどの研究領域に属するかを意識することも必要になる。社会学は扱う対象が幅広いので，「家族社会学」「教育社会学」など，ある程度の規模のテーマごとに研究領域（連字符社会学）がある。こうした研究領域のいくつかには個別の学会が組織されており，学会誌が刊行されている。たとえば家族社会学の場合は日本家族社会学会があり，『家族社会学研究』という学会誌がある。学会誌では多くの場合，定期的に研究動向を整理する企画が組まれるので，研究領域における自分のテーマの位置づけを知るうえでは，最新の研究動向に関するレビュー論文を参考にするとよい。研究動向を知るうえではほかにも，各研究領域の教科書や辞典類，あるいは『○○講座』などの書籍が挙げられる。意欲があるなら，英語圏のレビュー論文や，SAGE 社が刊行する Handbooks，Key Concepts といった入門シリーズ書籍もすすめたい。

　研究テーマによっては，複数の研究領域を横断する必要もある。たとえば「家族と教育の関係」という研究テーマは，家族社会学と教育社会学が取り組

んでいるテーマである。実際に『家族社会研究』『教育社会学研究』の双方で
家族と教育の関係についてのレビュー論文が掲載されている。日本社会学会の
学会誌である『社会学評論』には領域横断的な研究動向が掲載されることもあ
るので，参考にできる。

　比較的新しい現象をテーマとするときには，先行研究がなかなか見当たらな
いということもあるだろう。たとえば以前筆者のゼミに，「毒親」をテーマに
卒論を書きたいという学生がいた。「毒親」はジャーナリスティックに流通し
ている概念で，学術的な研究はなかなか見当たらなかった。この場合は，「親
子関係」や「虐待」など，類似のテーマから先行研究を探ることも考えられる
が，方法論を中心に先行研究を探すこともすすめられる。「毒親」についても，
「なぜ毒親という言葉がブームになるほど流通しているのか」「そもそもいつご
ろから毒親という言葉が使われはじめたのか」というように問いをたてていけ
ば，社会問題の構築主義に関する文献が先行研究となる。

　さて，最新の研究動向などを中心に先行研究の知見をまとめ，自分の研究を
研究史に位置づけることができれば，ひとまず先行研究についての叙述はでき
るだろう。しかし，最新の研究動向をみるだけではつかみ損ねやすいものもあ
る。それは，あるものごとに関する論じ方や捉えかた，すなわち同時代の知的
枠組み（パラダイム）[2]である。

過去の学説をみる

　研究動向や過去の教科書，また学会の成立に関する論文などをみると，研究
領域のテーマや問題関心の変遷がみえるだろう。特に社会学は，同時代の社会
問題，社会現象を研究対象とするので，テーマの変遷はそれらと対応している
ことも多い。そのため重要な文献とされていた研究でも，時代を経ると読まれ
なくなっていくことは少なくない。

　では，過去の学説を振り返ることに意味はないのかというと，そうともいえ
ない。仮にあなたが現在進行形の現象を研究テーマに設定していたとしても，
過去の学説から重要なヒントや発見を得られることもある。いくつか言及して

おこう。

　まずは，研究を進めるヒントやインスピレーションが得られることである。
これは名著とされる古典にはよくあてはまる。そしてそのインスピレーション
は，個々の知見にとどまらないこともある。

　たとえば，現代日本の「ヤンチャな子」たちについて研究している知念渉は，
1970年代イギリスの非行少年たちを対象とした社会学の古典である『ハマータ
ウンの野郎ども』（Willis 1977＝1996）からインスピレーションを得たと述べて
いる。知念によれば同書は，「労働者階級の子どもたちがいかに親と同じ職業
についていくかという話」と要約されることが多いが，生徒たちの学校生活や
価値観が詳細に描かれているエスノグラフィーを読み直すと，彼らが内面化し
ている人種差別や女性蔑視など，「メインストーリーに収まらない記述の過剰
性」が含まれており，それには「時代や地域を超えた普遍性」がある。そのた
め「読み直すたびに新しい発見をもたらしてくれる」という（SYNODOS 2019）。

　あなたが手にとった先行研究のなかに，古典をモデルとしている論文があれ
ば，古典がどのように応用されているかを学ぶことができるだろう。研究とは
ある意味で古典の応用と模倣の歴史でもあり，古典は権威ある人が書いたから
古典になるのではなく，さまざまなかたちで応用されてきた歴史があるから古
典になるのである。あるいは『ハマータウンの野郎ども』の叙述にあった労働
者階級の少年たちの人種差別や女性蔑視のように，新たな問題関心から古典を
読み直すと，意外な価値を再発見する場合もある。

　次に，過去の学説を振り返ることで現在の研究領域の問題関心のありかたを
相対化できることである。たとえば現在の家族社会学研究で大きな関心を集め
ている「家族の多様化」について考えてみよう。近年では，異性愛カップルと
その子どもからなる家族とは異なる関係性である同性カップルなどのパート
ナー関係や，養子関係など非血縁者による子育てなどが着目され，家族の多様
化として肯定的に言及されていることも少なくない。

　しかし家族研究の学説史を戦後初期まで遡っていくと，非血縁者が親子関係
をつくることについては，関心がなかったどころか，封建的，非民主的な「擬

制的親子関係」として否定的に言及されている場面に多くでくわす。養子に至っては「奴隷制の一形態としての養子」(川島［1948］1983) という表現まであった。

　では戦後初期の家族研究者たちは家族の多様性を否定していたのだろうかというと、必ずしもそうとはいいきれない。このような現在とは論調がかなり異なる学説を理解するには、その学説が提出された社会背景、すなわち社会のなかの学説をみる必要がある。そうすることは、個々の知見を振り返るだけでなく、現在の問題関心、そしてあなたの問いの立てかたを考える契機にもなりうる。具体的にみていこう。

3　学説を社会的背景とともに捉える

学説の社会的背景を知る

　学説史を遡ると、仮に半世紀ほど遡ったとすると、当時の研究を読んでも理解が難しかったり、違和感を感じたりする議論にでくわすことがある。たんに予備知識が不足している場合も少なくないが、その学説が出された時点の状況とわたしたちが置かれている状況のギャップが理解を妨げていることもある。

　さきの擬制的親子関係の議論を例にみていこう。擬制的親子関係とはたとえば、農村における「名づけ親」[3]や「ひろい親」[4]などの慣習がそれにあたる。戦後初期の擬制的親子関係に関する研究の問題意識や対象、著者の他の文献や、同時代の文献などをみていくと、擬制的親子関係の慣習そのものだけでなく、戦前期の日本社会全体も議論の射程にいれていたことがみえてくる。

　じつは戦前期においては、人と人との関係を家族になぞらえることは珍しくはなかった。さきに挙げた慣習だけでなく、地主と小作人の関係をいう親方子方や、経営者と労働者の関係をいう経営家族主義、さらにその最たるものとしての、天皇家を国民の総本家、国民を天皇の赤子とみなす家族国家観がある。戦後初期の家族研究者たちが擬制的親子関係を批判的に取り上げたのは、擬制的親子関係は国民を戦争に導いた戦前期の天皇制国家と関連があるのではない

かと考えたからであった。

　また戦後初期の「養子」は，現在想像されるそれとはかなり文脈が異なる。たとえば，貧しい農村に生まれ食いぶちがなく漁村などの労働力としてほぼ無償でもらわれた「ナンキンコゾウ」や，身売り（人身売買）された芸者のなかにそうしたケースがあった。このような実態をもとに，「奴隷制の一形態としての養子」という表現がなされていたのである。

　つまり，戦後初期の擬制的親子関係に対する否定的な見解は，非血縁者が親子関係を結ぶことに対してではなく，戦前期の社会制度や人権軽視に対して向けられたものであった。このような，ある意味では多様な家族のありかたとそれへの評価の推移をみることは，現在求められている「家族の多様化」とはなんなのか，そもそもいつごろから多様性が肯定的に評価されるようになったのかなど，現在の問題関心を捉え直すことにもつながる。

　渡辺秀樹（2013）は，擬制的親子関係をめぐるこうした議論の変遷を踏まえ，現在の家族社会学研究で主に議論されている「家族の多様化」とは，「近代家族」と機能代替的な「現実的な〈option＝選択肢〉」の拡充であると述べている。そしてそのうえで，「多様性」という概念は「〈option＝選択肢〉」の拡充に留まらないこと，戦後初期の擬制的親子関係に対する批判は意図せざる結果として「〈家族＝血縁〉」という図式を強化したのではないかということ，さらに過去の擬制的親子関係に関する学説は，その慣習の非民主的な側面には注意が必要ではあるが，近年の多様な子育てをめぐる議論の先駆的な事例として読み直せる可能性があることなどを示唆している。このように，過去の学説を社会背景も踏まえてみることは，現在の問題関心のあり様を浮き彫りにすることや，新たな研究のインスピレーションを得ることにもつながるのである。

　研究という営みは，研究領域で共有されている理論や方法論に準拠して行われるが，研究の営み自体は社会のなかで行われる。そのため問いのたてかたや前提となっているものの考えかたは社会の影響を受けることもある。過去の研究者たちがなにに発想を制約されていたかをみることは，現在の問題関心のありかたや，あなたの問いのたてかたがいかなる社会的状況の産物であるかを考

え直す契機にもなる。それはあなたの問いのたてかたを豊かにしたり，新しい
論じかたを生み出したりすることにもつながることもあるだろう。

社会のなかの研究者

　研究者も社会のなかで生きている 1 人の人間だということは，先行研究を探
すという作業のなかではしばしば忘れがちである。とはいえ社会のなかで研究
を行う以上，その研究者の置かれた立場や状況が議論に影響を及ぼすことは完
全には否定できない。実際にこの点については，研究者の間でも多くの議論が
なされてきた。

　研究に対する社会の影響についてはさまざまであるが，大別して 2 つのパ
ターンが考えられる。1 つは，研究者が社会との関係についてある程度自覚的
に意識しているパターンであり，政治的な介入などが挙げられよう。たとえば
丸山眞男（[1952]1983）は，戦前期に書いた論文で，当時弾圧されていたマル
クス主義からの影響を思わせる文章を，指導教授の南原繁の指導で改稿したこ
とを戦後に明らかにしている。

　もう 1 つは，研究者がそこまで自覚的に意識していないパターンである。こ
れは，研究者をとりまく社会規範や暗黙の前提が議論や問いのたてかたに反映
されていることなどにあらわれる。たとえば1955年から10年おきに実施されて
いる SSM 調査（社会階層と社会移動全国調査）では，1975年まで女性は調査対象
に含まれていなかった。1970年代初頭まで女性が階層研究で軽視されてきたの
は欧米圏においても同様である。これは，当時の先進諸国においては性別役割
分業が根強く，女性の階層の問題は男性の不平等（夫の階層）に付随する問題
であるという暗黙の前提があったからだといわれている（岩間 2017）。

　あるいは，研究者集団という特定の社会集団が抱えている傾向やバイアスな
ども考えられよう。ブルデュー（Bourdieu 1980＝1991）は，大学をはじめとし
た「知識の場」に属する人々が，階層や利害関係などの社会的諸条件に拘束さ
れた存在でもあることに注意を促している。研究者集団のなかにも，社会と同
じく世代や階層，性差，エスニシティなどの偏りがあり，過去の著名な研究者

の学説を分析する際に，これらの偏りに着目することは少なくない。ブル
デューは南仏の農村部の出身であり，パリの高等教育や知識人の世界に違和感
をもっていた人物でもあった。

　もちろん，研究に対する社会の影響や研究者の個人的属性を過度に強調する
ことは，学説の理解を妨げることにもなりかねないし，またそのような指摘だ
けで学術的な知見になるわけではない。本節で述べてきたことは，過去の学説
を遡れば遡るほど，当時の議論の前提となる社会的背景をみないと文脈がわか
りにくくなるということであり，その文脈の理解のためには，たんなる知見の
検討とは別個の作業が必要になるということである。

過去の学説から現在を捉え直す

　丸山眞男（1986）は，過去の思想家や研究者の古典を読む意義の１つとして，
「自分自身を現代から隔離すること」を挙げている。丸山によれば，過去のテ
キストに耽溺することではなく，「現代の雰囲気から意識的に自分を隔離する
こと」によって，「現代の全体像を『距離をおいて』観察する目を養うこと」
ができるという。

　これはある意味で，歴史資料をみる作業とも似ている。第５章でも述べられ
ているように，歴史資料をみることは，現在のわたしたちのものの見かたを相
対化する契機になる。過去の学説をみることの特性としてあえて１つつけ加え
れば，研究者たちがどのような思考を経て，社会や時代に応答しているかを追
体験できることがあるだろう。これは単純に研究という営みの学習にもなるし，
あるいは時代的，社会的背景が異なる状況で書かれているからこそ，現在のも
のの見かたを別の視点から見直す契機となることもある。

　そして，社会的背景を踏まえて過去や同時代の学説を内在的に読み込み，
個々の知見の導き出しかたを超えた議論の進めかたや問題意識に違和感や問題
点を感じることがあれば，それは新しい「論じかた」を発見することにつなが
る可能性がある。以下では研究事例をもとに，そのことをみていこう。

4　研究事例

ある学問領域のパラダイムを相対化する

　ある学問領域が大きな展開を迎える際にはえてして，それまでの研究者の共通理解はどのようなものだったのかということが問い直される。1950年代以降のアメリカの家族研究，そしてその影響を受けた戦後日本の家族社会学の基盤を「集団論的パラダイム」として相対化した落合恵美子（1989）の研究が，その代表的なものとして挙げられる。

　この論文を理解するうえでは，論文執筆当時の家族をめぐる社会背景を知る必要がある。1970〜80年代前半は，離婚率や女性の就業率が上昇し，それに伴い母親の責任や子どもの教育問題がメディア上で取り沙汰され，家族の「危機」や「崩壊」がしばしば語られていた。そして1980年代のアカデミックな領域においては，家族問題の解決志向が強い個別専門学会が新たに組織されはじめていた（池岡 2017）。

　落合が問うのは，こうした家族の「危機」というのは，それを認識する側の問題ではないかということであった。つまり，ある現象を「正常」ではないと認識することは，その「正常」の範囲が狭いか，「正常」のありかたが時代に適合しなくなっているのではないかと問うたのである。たとえばかつては，共働き家庭の子どもは「かわいそう」とみなされがちだったが，今日ではこうした視点は薄まっているだろう。1960〜70年代には「鍵っ子」（帰宅時に保護者がいない子ども）という言葉が流布しており，学校教育の場で対策も協議されていた。なにを「問題」とみなすかは時代によって変わるのであり，それは学術領域においても同様なのである。

　こうした問題関心から落合は，「家族の危機と呼ばれるものは，実は家族論の危機なのかもしれない」と考え，「家族論，特に家族社会学という知的営為自体をひとつの社会現象ととらえて時代の流れの中に位置づける」ことを試みた（落合 1989：136）。

　落合が着目したのは，1950〜60年代のアメリカの家族研究と1980年代の日本の家族社会学の教科書的テキストだった。落合はこれらの資料から，家族を論じる際の無意識的な前提となっている家族についての理解，具体的には「論証の不十分な基本仮説及び家族定義」を検討した。教科書からは，論証するまでもないと考えられている前提，つまり研究者たちの暗黙の了解（「背後仮説」）とが読み解けるからである。

　落合によればこれらの教科書は以下の8点を前提として家族について論じているという。すなわち「①家族は人類社会に普遍的に存在する。②家族は歴史や文化差を超えて変わらない本質をもつ。③家族は集団である。④家族は主に親族よりなる。⑤家族成員は強い情緒的関係で結ばれている。⑥家族の最も基本的な機能は子どもの社会化である。⑦家族成員は性別により異なる役割をもつ。⑧家族の基本型は核家族である」の8点である。さて，21世紀に生きるあなたは，以上の8点をみてどのように思うだろうか。結論からいえば，落合はこれら8点は20世紀の先進諸国で広まった家族のありかたであり，家族社会学はそうした家族のありかたを前提に議論を構築している（「集団論的パラダイム」）とみなした（落合 1989：147-150）。

　この議論を展開するにあたって落合が参考にしたものの1つが，社会史研究の知見である。1960年代ごろから隆盛したヨーロッパ社会史研究は，性別役割分業や情緒的関係などを特徴とする家族のありかたは，近代以降に定着した「近代家族」に特有のものであるという視点をもたらした。落合によれば，アメリカの家族研究に「集団論的パラダイム」が浸透した背景には「近代家族」の大衆化があり，上記の8点はその社会背景のなかで，近代家族のありかたを，空間的，歴史的に拡大することによって生じた認識であるという。日本においても集団論的パラダイムが本格的に浸透したのは，「近代家族」の大衆化が進む高度経済成長期以降だった。

　落合は結論として，ある特定の家族のありかたを前提として議論を進めるのではなく，ある社会においてなにが「家族」とみなされているかを分析する「解釈学的アプローチ」を提唱する。実際に，この論文が発表された1989年前

後からこうした解釈学的アプローチによる家族研究が積み重ねられていくのだが，過去の研究の検討は，新たな研究の潮流を生み出す契機にもなるのである。

　落合の論文は30年以上前のものなので，この論文自体を「時代の流れの中に位置づける」ことも可能であろう。落合は2004年に，核家族概念を基礎に据えた戦後日本の家族社会学のパラダイムは，「戦前的な『家』とは異なる民主的で愛に満ちた家族を作ろう」とした，「戦地から辛くも生還した世代」によって担われたのに対し，自身の議論は「愛という名の支配や，一つのタイプの家族が規範化することから生じる抑圧」を体感する世代からうまれたものであることを示唆している（落合 2019：xiv）。落合は1958年生まれで，1986年の男女雇用機会均等法成立以前に大学を卒業した世代である。その世代の大卒女性は，結婚後に仕事を辞めて専業主婦になり，「近代家族」の担い手になることが標準的であった。ある研究領域が大きな展開をみせるときは，社会構造の変化だけでなく，研究者の世代交代と連動していることも少なくない。

　また落合は近年，こうした自分の世代の問題関心が後続の世代には理解されにくいものになっているのではないかとも述べている。落合によれば，2010年の日本学術会議のシンポジウムで，自身が作成に関わった「女性の貧困」についての動画を公開したところ，若い世代の女性たちから反発を受けたという。その理由の1つは，「前の世代にとっては女性の就労と育児などの家庭の負担の夫婦間での分担が中心的な課題」であったのに対し，現在の若い世代は，格差が増大するなかで「就労も家庭をもち子どもをもつことも，当たり前でも望ましいことでも必ずしも」なく，「前の世代の処方箋は役に立たないと感じる」ことにあるのではないかと推測している。動画のテーマには若い世代の問題も含まれていたが，その届かなさになにかしらの断絶があるのではないかという（落合 2019：290-292）。あなたが若い世代に属するなら，こうした世代間の断絶や，あるいは研究テーマに関する先行研究を読んだ際に感じた違和感を言語化することから問いを立てることもできるかもしれない。

学説を歴史とともに捉え直す

　過去の学説を社会背景から理解することは，歴史資料を用いた研究と重なる面もある。その一例として，日本の家族研究におけるヴェーバーの「ピエテート」概念の受容を検証した筆者の研究を挙げたい（本多 2018）。これは，落合が「集団論的パラダイム」の一部に位置づけた家族の情緒的関係に関する学界の共通理解が，歴史的に変化していることを指摘した論文である。単純化していえば，現在では情緒的とは思われにくいような関係が，かつては情緒的な関係として認識されていたのではないかということを検証したものである。

　筆者がこの論文の着想を得たのは，新聞雑誌記事なども含め，戦後初期の家族に関する文献を幅広く読んでいたときであった。当時は，男女平等を定めた新憲法の制定や民法改正による家制度の廃止を背景に，「家族の民主化」がアカデミックな分野に限らず広く議論されていた。落合が述べるように，そこには「戦前的な『家』とは異なる民主的で愛に満ちた家族を作ろう」という機運があった。

　ところが，文献を渉猟していて気づいたのは，家制度の成員同士の情緒的関係に関する認識がみられたことである。新聞雑誌記事などにおける「戦前的な『家』とは異なる民主的で愛に満ちた家族を作ろう」という論調も，よく読んでいけば，戦前期の家制度にも一種の情緒的関係はあったが，それとは異なる「愛に満ちた家族」を作ろうという論調であったことが読みとれた。

　こうして過去の文献を幅広く読み込んでいくと，戦前期〜戦後初期の家族研究は，家制度下での情緒的関係を認識していたのか，認識していたならどのように描いていたのかという疑問が湧いてきた。この疑問の目で実際に家族研究の文献を手に取ると，家制度と関連した，現在とはやや趣が異なる情緒的関係に関する議論が散見された。たとえば家長と構成員の権威服従関係と合わさった情緒的関係や，非血縁者を含む大家族の情緒的関係などである。さきに挙げた擬制的親子関係——「ナンキンコゾウ」や芸者と経営者の関係も，その情緒的関係の１つとして挙げられていた。

　問題は，こうした学説をどのように位置づけるかということであった。落合

も述べているように，高度成長期以降の家族社会学の教科書は，核家族をベースに議論が組み立てられており，情緒的関係もその核家族内部のものとされている。では，それまでの家制度や家制度にまつわる慣習の情緒的関係に関する認識はどうなってしまったのか。もしかしたらかつての情緒的関係に関する認識は，家制度が衰退していく過程で，いつのまにか後景化していったのではないか。

　ここで着目したのがヴェーバーの「ピエテート」概念であった。この概念はもともとヴェーバーが，古代社会における「家共同体」の支配のありかたを論じる際に用いた概念だったが，戦前〜戦後初期の日本の社会科学においては，家制度の成員同士の関係性を論じる際に応用されていた。ヴェーバーによれば「家共同体」の支配者と構成員の関係は権威服従関係ではあったが，構成員は経済的，人格的に支配者から保護される存在でもあった。このような，本来は古代社会を論じるための理論が，戦前〜戦後初期の社会学者，法社会学者，経済学者たちにとっては，当時の日本社会を論じるうえでリアリティがある概念だと受けとめられていたのである。これは日本と同時期にヴェーバーの著作を受容していたアメリカではみられない現象だった。

　こうしてヴェーバーの議論に影響された家族社会学，法社会学などの議論を読んでいくと，「ピエテート」概念は，戦前〜戦後初期においては家制度における権威服従関係と一体化した情緒的関係を論じるために応用されていたこと，戦前期の家族研究における家族定義にもそのような情緒的関係が記されていたこと，そして高度成長期以降の家族社会学の教科書的テキストには，戦前期の家族の定義が引用されていながらも，権威服従関係の側面がこぼれ落ちていたことなどの一連の流れがみえてきた。これらの経緯を論文にまとめる際は，学説史研究として「ピエテート」概念の受容過程に論点を絞り，家族の情緒的関係は一義的に定義づけられるものではないと結論づけた。

　以上の落合と筆者の論文は，論理構成をみれば，社会変動が学界の共通理解を変動させる，つまり社会変動を独立変数，学界の共通理解を従属変数としてその因果関係を明らかにしたものとも位置づけられるだろう。学説史研究は歴

史資料を用いた研究と同様に，変数の設定が難しいため，因果関係以外の多様⁽⁵⁾
な文脈も記す傾向にあるが，幹となる論理構成は意識してよいと思う。

　またこれら2つの論文は，過去の学説をその社会的背景も踏まえて把握し，
その過程で新しい「論じかた」を探ろうとしたものであるが（筆者の場合は，近
代日本の家制度の情緒的関係に関する言説の探求に向かった），比較的若い世代に属
する研究者が過去の学説を読み直した研究とも位置づけられる。過去の学説を
新たな視角から読み直すことは後続の世代だからこそできるという面もある。
そしてまた，自分の研究も（ときには思いもよらないかたちで）未来の評価にさ
らされることは意識しておいてよいことだと思う。

5　故きを温ねて新しきを知る

　研究という営みが社会のなかでなされている以上，特に同時代の社会問題や
社会現象を扱うことが多い社会学の場合，研究の議論や導き出された知見が，
研究対象の衰退とともに古くなったり，後の時代に適合しなくなったりするの
は避けられないことである。知見や方法論が刷新されていくのは，学問が健全
に発展している証でもある。

　とはいえ研究という営みは，先行研究の記述のような個々の知見のみにその
意義があるわけではない。研究は，対象との向き合いかたや資料を丹念に集め
る姿勢，それらをまとめあげる思考の過程や知識の応用のしかた，そして倫理
観や同時代に対する問題意識など，さまざまな要素が複合して成り立っている。
これらの要素は，個々の知見が古びたとしても，なお長いスパンで後世に残る。

　本章でみてきた，社会のなかの学説をみるという視点は，こうしたさまざま
な要素を捉え直す方法でもある。過去の学説との対話が学識を深めることだけ
でなく，新しい「論じかた」の発見やあなた自身の問いを見つめ直す契機とな
れば，本章で付け足すことはない。

文献案内 📖

① 木村至聖, 2022, 『歴史と理論からの社会学入門』ナカニシヤ出版。

　19世紀以降の世界史, 現代史の展開とともに社会学理論を学ぶ入門書。名だたる社会学者たちの抽象的な理論が, どのような歴史的背景のもとに生み出されたものなのかを掴むことができる。

② 小熊英二, 1995, 『単一民族神話の起源』新曜社。

　日本人は単一民族だという神話は, 植民地を喪失して多民族帝国でなくなった戦後に定着したものであるという知見を打ち出した, 戦前戦後の知識人たちの学説の社会学研究。国際関係や時代の雰囲気が学説に与える影響をみて, 「客観的」とはなにかを考えてほしい。

③ ミシェル・フーコー（渡辺一民・佐々木明訳）, 1974, 『言葉と物――人文科学の考古学』新潮社。

　古典主義以前, 古典主義時代, 近代という切れ目で, 数世紀にわたる西欧社会の人々のものの見かた, 知的枠組みの変遷を描いた, フーコーの代表作。細かい論証よりも, まずはわたしたちの「現実」の捉えかたがどのようにドラスティックに変わるか, そのダイナミックな描きかたを味わってほしい。

注

(1)　村上は黒田（1996）の類型を下敷きにして議論している。

(2)　狭義には, ある学術領域においてその成員に共有されている研究の範例, ものごとの見かたなどを指す。この概念の提唱者である科学史家のクーン（Kuhn 1962＝1970）は自然科学を念頭に置いていたが, 社会科学, 思想の分野にも応用されてきた。

(3)　両親以外の者に命名を依頼し, その後も庇護の関係を形成する慣習。病弱な子どもが生まれた際などに行われた。

(4)　生まれた子を他人に拾ってもらい, 命名, 育成, 後見などを頼む慣習。親の状況がよくないときなどになされた（初生児の早死など）。

(5)　戦後日本の社会学の展開を描くにあたって世代差に着目したものとしては, 富永（2004）がある。また学閥や人脈の観点から論じたものとしては, 山岡（1983）がある。

文献

Bourdieu, Pierre, 1980, *Questions de Sociologie,* Les Éditions de Minuit.（田原音和監訳, 1991, 『社会学の社会学』藤原書店。）

本多真隆, 2018, 『家族情緒の歴史社会学――「家」と「近代家族」のはざまを読む』晃洋書房。

池岡義孝, 2017, 「戦後家族社会学の展開とその現代的位相」『現代日本の家族社会学を問う――多様化のなかの対話』ミネルヴァ書房, 9-32。

岩間暁子, 2017, 「社会階層論と家族社会学」『現代日本の家族社会学を問う――多様化のなかの対話』ミネルヴァ書房, 85-106。

川島武宜, ［1948］1983, 「日本封建制のアジア的性質――奴隷制の一形態としての養子」『川島武宜著作集　第十巻　家族および家族法１』岩波書店, 18-36。

Kuhn, Thomas S., 1962, *The Structure of Scientific Revolutions,* The University of Chicago.（中山茂訳, 1971, 『科学革命の構造』みすず書房。）

黒田日出男, 1996, 『謎解き　洛中洛外図』岩波書店。

丸山眞男, ［1952］1983, 『日本政治思想史研究』東京大学出版会。

丸山眞男, 1986, 『「文明論之概略」を読む　上』岩波書店。

村上紀夫, 2019, 『歴史学で卒業論文を書くために』創元社。

落合恵美子, 1989, 『近代家族とフェミニズム』勁草書房。

落合恵美子, 2019, 『21世紀家族へ――家族の戦後体制の見かた・超えかた［第４版］』有斐閣。

斎藤幸平, 2019, 『大洪水の前に――マルクスと惑星の物質代謝』堀之内出版。

SYNODOS, 2019, 「現実の複雑さに向き合うために――ヤンキーの生活世界」（https://synodos.jp/opinion/info/23026/）。

富永健一, 2004, 『戦後日本の社会学――一つの同時代学史』東京大学出版会。

渡辺秀樹, 2013, 「多様性の時代と家族社会学――多様性をめぐる概念の再検討」『家族社会学研究』25(1)：7-16。

Willis, P., 1977, *Learning to Labour : How Working Class Boys Get Working Class Jobs,* Ashgate Publishing Limited.（熊沢誠・山田潤訳, 1996, 『ハマータウンの野郎ども』筑摩書房。）

山岡栄市, 1983, 『人脈社会学』御茶の水書房。

第Ⅲ部　量的データを使う

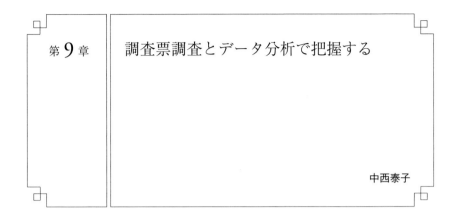

中西泰子

第9章　調査票調査とデータ分析で把握する

1　調査票調査と社会統計の基礎

　調査票調査は一般的には「アンケート調査」と呼ばれることが多い。公的・学術的な調査では「調査票調査」や「質問紙調査」と呼ばれ，社会調査を大きく量的調査と質的調査にわけるならば，調査票調査は量的調査を代表する調査法である。

　調査票調査では，個々人の意識や実態を数値に変換して把握する。変換された数値は，統計的分析を経て，対象となる人々の意識や実態の全体的な特徴を提示するために活用される。社会の状況を数値に変換して把握するための調査手法が調査票調査，変換された数値を用いて対象となる集団の全体的特徴を提示するための手法が社会統計である。数値による把握という過程を経ることによって，わたしたちは自身が所属している社会の全体的な特徴を知ることができる。さらにその社会においてさまざまな事柄がどのようなメカニズムで関連しているのか，あるいはわたしたちが社会的事柄について考えるときの認知構造はどのようなものであるのかを把握することもできる。本章では，調査票調査法と社会統計を一連のプロセスとして提示する。

　調査票調査と社会統計に関して，それぞれ数多くの優れたテキストが出版されている。[1]両者を1つの章で紹介しているのは，実際に調査研究を行う際には，

双方を一連のプロセスとして経験することになるためである。本章は，そのような状況に置かれた初学者が，調査票調査の準備，実施から分析までのプロセスを具体的にイメージできるようになることを目的としている。

　というのは，調査票調査を通して適切な数値データを手に入れるためには，適切な文章表現能力と想像力，入念な校閲作業が必要となる。データを分析する段階になってからできることは限られており，いかに適切な調査を行うかが，データ分析の成功を左右するともいえる。そして，調査でどのような言葉や選択肢を用いて状況把握を行ったのかなど調査の実状を念頭に置いておかなければ，適切な分析を行うことは難しい。数値がどのようなプロセス（調査）を経て生み出されたものかに意識的であることが，妥当な分析や結果の解釈を行うコツであり，非常に重要なポイントである。

　自ら調査を実施しなくても，すでにある調査データの「二次利用」「二次分析」として統計的分析を行うという方法も容易になってきている（詳しくは，第11章を中心に第Ⅲ部の各章を参照）。しかし，自分が設定したテーマを検討するのに適した公開データが見つからない場合には，必要に応じて自ら調査票調査を行うことになるだろう。本章第5節では，具体的事例として2つの調査研究を紹介している。

2　調査の具体的な手順

テーマの絞り込み・仮説の設定

　調査をするにあたっては，調査者自身がどのような問題関心をもってなにを明らかにしたくて調査をするのか，調べたい事象について自分はどのような想定を抱いているのかを自身に問い直し，具体化しておくことが大切である。興味のあるテーマは決まったものの問いがはっきりしないままなんとなく調査した結果，回答数は集まったけれどどう扱ったらいいかわからないデータができあがるということは，「とりあえずアンケート」の結末としてありがちなことである。

　そうならないための鍵となるのが「仮説」である。仮説とは，調べたい事象がどのような傾向をもっているのか，なぜそのような事象が生じているのかなどについて，調査者が前もって考えておく仮の説明である。

　そして，適切に仮説を設定するためには，自分の考えやすでにもっている知識だけで説明しようとするのではなく，関連する先行研究ではどのような仮説に基づいて調査が行われ，どのような結果が得られてきたのかを把握しておくことが重要になる。じつはそうしたほうが，一から自力で仮説を設定しようとするよりもコストが低いうえに，失敗するリスクも低くなる。たとえ自分の問題関心そのものずばりのテーマを扱った調査が先行研究で見つけられないような場合でも，それに近い対象を扱っているの場合にはどのような視点や枠組みで研究がなされてきたのかを確認しておくとよい。たとえば，未婚の若者の親子関係について調査しようとしたが先行研究が見つけられなかったとする。そうした場合には，対象とする年齢層を広げて青年期や高齢期の親子関係研究ではどのような要因が親子関係に影響を及ぼすと考えられてきたのかを参考にすることで，未婚の若者の親子関係においても通用しそうな仮説を設定することが可能になる。さらに親子関係研究以外の分野にも目を広げて，ネットワーク研究では人間関係に影響を及ぼす社会的条件としてどのようなことが取り上げられてきたのかを参考にして，親子関係に影響を及ぼしそうな社会的条件を想定することも有効であろう。そのように，調査対象や研究分野を広げて関連しそうな先行研究を探索して参考にすることで，若者の親子関係に影響を及ぼす要因としてはどのようなことが考えられるのか，よりリアリティのある想定が可能となる。

　仮説を設定すれば，次は仮説を検証できるように質問項目を作成していく。質問項目の作成の段階でも，先行研究では具体的にどのような質問文や回答選択肢によって仮説を検証してきたのかということが参考になる。それから実際に調査を行い，得られたデータにもとづいて仮説を検証し，検証結果を報告する。この一連の流れを意識しながら調査設計を行うことになる。[2]

対象の選定方法・回収方法・回答方法

　調査票調査を実施するためには，各自の調査テーマに応じて，①誰に聞くのか（対象者の選定），②どのように回答を集めるのか（回収方法），③どのように回答してもらうのか（回答方法）の3つを決定する必要がある。この3つを，理想と実現可能性とのバランスを考えながら決定していく。つまり，理想だけではなく，コスト（お金，時間など）の制約による「現実」も考慮する必要がある。それでは①〜③のそれぞれのポイントについて説明していこう。

対象者の選定

　対象者については，理想としては「全員」に聞く全数調査が最良である。しかし，たとえば「世論」を知るために毎回有権者全員から意見を集めることは不可能である。そこで知りたい対象全体（母集団と呼ぶ）から一部（標本と呼ぶ）を取り出す必要がある（取り出す作業のことを標本抽出，英語ではサンプリングと呼ぶ）。

　標本が確率論にもとづいて抽出（確率抽出）されていれば，推測統計と呼ばれる統計手法を使うことで，その標本から母集団の様子を確率的に推定できる。そのため，確率抽出は多くの世論調査や学術調査で用いられている。しかし，確率抽出を行うためには，知りたい対象全員が掲載された名簿が必要になり（たとえば日本の「有権者」であれば全国の市区町村が管理する選挙人名簿），そもそもそのような名簿が存在しているのかどうか，また名簿があったとしても閲覧可能かなど，確率抽出を行うのは現実として困難なことが多い。はじめて調査票調査をする場合や，卒業論文や修士論文，調査実習などで調査を行う場合には時間も費用も限られており，確率抽出を行うのは難しいことが多い。

　本章ではそのような場合を想定し，有意抽出法（≠確率抽出）の調査においても使える考えかたや基礎分析の方法を説明していきたい。なお，有意抽出の方法としては，対象として典型的な相手を選ぶ典型抽出や，比較したい属性などについては割合をそろえる（たとえば男女比が1対2の集団での調査ならば，抽出対象の男女比も1対2に割り当てる）割当法などがある。

回収方法——調査モードの選択

　選定された対象者の回答は，どのような方法で集めるのか。その回収方法は，それぞれ調査のやりかた（モード）の違いとして理解されている。具体的には，面接調査（調査員が対象者と面談し，聞き取りで回答を記録していく），留置調査（郵送ないし調査員が直接配布した調査票に回答してもらったうえで，調査員が回収にいく），郵送調査（対象者に調査票を郵送で送付し，郵送で返送してもらう），電話調査（対象者に電話して，回答してもらう），集団配付集団回収法（回答者に特定の場所に集まってもらい，調査票を配布して，記入方法を説明した後に一斉に記入してもらう方式），あるいはネット調査（インターネットを通じて回答してもらう方法。ウェブ調査とも呼ばれる）などがある。面接調査や留置調査，電話調査は調査員を雇用したりする必要があるため，非常に費用と時間がかかる。また郵送調査は郵送先の住所リストや郵送代が必要であり，電話調査法は対象者を無作為に選び出すためにランダムに番号を発生させる装置が必要となる。そのため，卒業論文などのためにそれらの方法を使って調査するのは難しいことが多い。現実的な選択肢として，集団配付集団回収法やネット調査が活用されることが多いのが現状だろう。

　なお，回答方法として，対象者自身が書き込んだり入力したりする方法（自記式：留置・郵送・集団配布集団回収・ネット調査などで用いられる）と，調査員が対象者の回答を聞き取って記録する方法（他記式：面接調査や電話調査で使われる）の2つがある。対象者の状況なども考慮して選択されるが，自記式と他記式の違いは次に説明する調査票の作りかたとも関連する重要な区分である。

調査票作成

　調査票作成にあたっては，その作業が対象者とのコミュニケーションであることを意識することが重要である。適切な数値データを得られるかどうかは，調査票を通して適切に対象者とコミュニケーションができるかにかかっている。それでは具体的にどのようなことに気をつけていくかについてポイントを絞って述べていきたい。

　まず質問項目は仮説との対応を重視し，先行調査を参考にしながら「必要最低限」に，すなわち必要で簡便な量におさめることが重要である。ついでだからこれも，といってついつい質問を増やしてしまいがちだが，調査目的や仮説との関連に主眼をおいて吟味する必要がある。質問項目が多すぎれば，調査対象者に過度な負担がかかり，回答拒否やいい加減な回答をされるリスクも高くなる。

　質問文の作成においては，言葉づかいに注意し，回答を拒否されることなく，こちらの聞きたいことができるかぎり正確に伝わるような文言になるように注力する。調査票調査は，いわば調査票を介しての間接的なコミュニケーションである。そのため，調査票の文言によっては調査者の意図がうまく伝わらなかったり，誤解を招いてしまう可能性がある。それを可能な限り解消していくことが，得られるデータの質の向上につながる。

　では，具体的にはどのようなことに気をつければよいのだろうか。まず，回答者全員が同じように質問を理解し回答できるように，あいまいな言葉は用いない。あいまいな言葉は，人によって異なる理解を招いてしまうからである。また，一般的には用いないような難解な専門用語等も避けて，できる限りわかりやすい文章にする。調査票調査では集団全体の特徴や傾向を把握することができるが，そのためには対象となる集団のすべての人が同じような理解と想定のもとで回答できるような質問文になっていなければならない。

　そして回答選択肢は，選択肢の項目が「網羅的かつ排他的」になるよう作成する。「網羅的」であるためには，誰もがどれかの選択肢を選ぶことができるように，可能性のある選択肢がすべて用意されている必要がある。また複数の選択肢が示す内容が互いに重ならないよう「排他的」なものにする。ちなみに選択肢に「その他」を設定することは多いが，もし「その他」に多数の回答が該当する結果になれば，それらの回答をみなおして適切な選択肢を事後的に設定し回答を割り振っていく作業（アフターコーディング）が必要となる。結構な手間がかかるため，「その他」は最終手段として置いておくというぐらいの気持ちで，原則としてはそれ以外の項目で網羅できるようにしておく。

　さらに，どの質問の後に置かれているかによって，続く質問の回答が影響を受けることが多いため，質問項目の並びにも注意が必要である。たとえば親との葛藤についての詳しい質問のあとに，親子関係の良好度についての質問を設定すると，前の質問にひきずられて親子関係の良好度が低めに回答される可能性がある。

　調査者が把握したい事柄について，回答者ができる限り正確に理解して回答できるように質問し，網羅的かつ排他的な選択肢を設定し，さらに必要最小限かつ適切な構成やレイアウトで，回答者に過度な負担や嫌な思いをさせない調査票を作成するというのは，想像以上に難問である。たとえば，回答者の性別についての質問はほとんどの調査で設定されているが，性別の多様性を考慮すると，排他的かつ網羅的であり，どの回答者にもまったく不快な思いをさせない端的な選択肢を作ることは非常に難しい。

　完璧な調査票は不可能に近い。とはいえ，時間におされてとりあえず調査を行い，調査後に不備に気づいても取り返しがつかない。そうならないために，回答者の目線になって調査票案を複数人で慎重にチェックし，本調査の前にプレ調査を実施するなどの段階を経て調査票を完成させていく。回答者の中にはさまざまな家族構成や健康状態，社会的立場の人がいることを想定しながら調査票を作成することが肝要である。筆者が担当する調査実習の授業では，自分たちが作成した調査票に，実際の自分とは異なる属性になったつもりで回答してみるように指示している。それだけのことでも違った見方が可能になり，見落としていた数々の不備に気づくことができる。

回収した調査票をデータ化する

　回収された紙の調査票は，そのままではデータとして扱うことはできない。そのため，調査票にあるすべての回答をコンピュータに入力し，分析可能な形のデータを作成する必要がある。それにはまず質問に対する回答を「数値」にする必要があるが，そのように数値化された回答を「変数」と呼ぶ。「あなたの性別についてお答えください」という質問の回答を，「男性＝1」「女性＝

2」「答えたくない＝3」などのように数値に変換して把握した場合，性別という変数ができることになる。そして，その変数の性質によって，あとで使用できる統計手法が異なるため，変数の区別を知っておくことが重要である。

「量的変数」とは，基本的に足したり引いたりできるもので，たとえば満年齢や年収などをそのまま数字で回答してもらったものがこれに当たる。一方，「質的変数」とは足し算・引き算ができないもので，たとえば先に挙げた性別は，「男性＝1」「女性＝2」「答えたくない＝3」など便宜的に数値を与えた変数である。ただし，たとえば「○○に賛成しますか？」という質問に「1＝強く賛成する，2＝賛成する，3＝どちらともいえない，4＝反対する，5＝強く反対する」との選択肢を設定した場合（このような変数を「順序変数」とも呼ぶ），確かに単純な足し算・引き算はおかしいが（つまり「強く賛成＝1」と「賛成＝2」を足すと「どちらともいえない＝3」にはならない），必要に応じて「量的変数」としても扱われることも多い。

なお，すべての項目の回答をなんらかの数値にしておかないと，のちの統計分析で戸惑うことになってしまう。そのため，回答してもらえていない場合（無回答），あるいはなんらかの条件にあてはまるため，その項目には回答しなくてもいいとされているために回答していない場合（非該当）には，適宜「9999」や「8888」など，分析にそのまま用いる回答数値とは重ならない任意の数値を調査票の該当部分に書き込み，そのうえでデータ入力していく必要がある。自由回答の場合にも回答の有無を「0：1」で入力するなどして，すべての質問項目の回答においてなんらかの数値が入力される状態にしておく。さらに，文字でそのまま入力された情報（たとえば，「その他」の内容について具体的な回答を文字で求めた場合など）も存在しているが，そのまま文字を入力しても統計的分析はしにくい。そのため，その文字での回答を新たに数値にする（アフターコーディング）作業が必要なこともある。

具体的なデータ化作業としては，エクセルなど表のかたちで数値を扱うソフトウェアを用い，紙に回答された内容を入力していく。その入力表の形式としては，表9-1の例のように，まず1行目にはヨコに変数名が並んでいき，

表9-1　入力例

ID	性　別	年　齢	親との関係 良好度	親との同居 の賛成度	・・・・・
1	2	24	1	1	・・・・・
2	1	32	2	2	・・・・・
3	3	45	2	1	・・・・・
4	1	32	3	4	・・・・・
・	・	・	・	・	・・・・・
・	・	・	・	・	・・・・・
・	・	・	・	・	・・・・・
・	・	・	・	・	・・・・・

　2行目から1つ1つの回収した調査票の回答内容を打ち込んでいく。その際，最初の変数名は「ID」など，それぞれの調査票の番号を入力するのが通例である。ちなみに，調査をする際にあらかじめ調査票に番号をふっておくと個人情報（郵送調査の場合には住所その他）と関連することができ匿名回答ではなくなってしまったり，回答者に情報漏れの懸念を生じさせて回答率が下がることにもなるため，調査票の番号は調査票が回収されたのちに，1つずつ通し番号を書き込む（もしくはスタンプを押す）のが通常であり，その作業を「ナンバリング」と呼ぶ。

　これで回収したすべての調査票の情報を数値として入力するところまできたが，まだ分析できる状態ではない。できるだけ正しいデータとするためには，データクリーニング（エラーチェック）と呼ばれる作業が必要になる。具体的には，そもそも回答として存在しない数字が含まれていないか（入力ミスなどでたびたび生じる），論理的にありえないデータとなっていないか（たとえば，「無職」と回答しているのに「1週間の勤労時間」への回答が40時間となっているような状態）を確認する。それによって入力ミスなどを発見し，データをきれいに（クリーニング）する。クリーニング作業をとばすと適切な分析結果が出てこないので欠かせない作業である。

　なお，こうして作り上げた表形式の電子データは，エクセルでも基本的な統計分析が可能である。ただし，専門的な統計分析などについては，入力した

データ（エクセルファイルや CSV ファイルなど）を SPSS や R など統計解析専用
のソフトウェアに読み込ませたうえで行うことが多い。

3　データをどう分析するか

記述統計

　記述統計とは，調査で得られたデータを理解しやすい形に加工し，「描き出
す＝記述する」ための統計である。データからどのような傾向が読み取れるの
かを知るために，記述統計は必須となる。1つ1つの質問に対する回答がデー
タ全体でどのような傾向を示しているのかを確認する方法として，その質問項
目（変数）が量的変数の場合には，「代表値」や「散布度」を用いる。また，
質的変数の場合には，主に「度数分布表」が用いられる。

　まず量的変数の場合の代表値は，「平均値」「中央値」「最頻値」や「分散」
「標準偏差」などが挙げられる。これらの値は，それぞれの変数ごとに対象集
団の全体的傾向を示すための統計値である。具体的には，ある変数について，
すべての回答数値を足し合わせてその回答数で割る「平均値」，回答を小さい
順から並べていってちょうど真ん中にくる値である「中央値」，最も回答が集
まった値としての「最頻値」などがある。なおこの最頻値のみ，質的変数でも
使用可能である。なぜ代表値として，平均値と中央値と最頻値など複数の値が
必要とされるのか。それらの使い分けとして，たとえば給与額で考えてみよう。
令和元年の公的統計によると，日本の全労働者の平均給与は436万円であった
が，中央値は370万円，最頻値は300万〜400万円（というように連続変数をまとめ
たカテゴリー）となる。[(3)] 平均値という値は，一部の高い値（ここでは高所得者の年
収）によって引き上げられる性質がある。そして，特定の変数の回答がどれだ
け散らばっているのかを数値にするのが，散布度（分散や標準偏差など）である。
たとえば2つの会社があったとして，一方の会社では性別や役職によってかな
り収入の額が異なっており，もう一方は全員がほぼ同程度の収入を得ている会
社だったとする。たとえ会社全体の平均値（平均収入）は2つの会社でほぼ同

表9-2　性別の度数分布表

	度　数	相対度数
男　性	130	52%
女　性	100	40%
答えたくない	20	8%
合　計	250	100%

じだったとしても，２つの会社が同じような特徴をもつ会社とは言い難い。前者の会社は収入の額にかなりばらつきがあり，後者ではそのばらつきが少ない。そのばらつきの多少を示す値が分散や標準偏差という散布度を示す代表値である。(4)

　以上に紹介した代表値の把握は，量的変数の特徴を把握するための手法だが，質的変数については度数分布表を用いることでそれぞれの変数の回答傾向を把握できる。具体的には，たとえば250人の対象者に対して性別について「男性＝１」「女性＝２」「答えたくない＝３」との選択肢で回答を求めていた場合に，男性との回答が130人，女性が100人，答えたくないが20人であれば，表9-2のように提示する。「度数」という回答した数に加えて，それを割合で示す「相対度数（%)」を計算することで，回答傾向の全体像が見やすくなる。

グラフにして分布を示す

　記述統計では，データ全体の傾向を数値で示すことになる。そのため，直感的に理解するのは難しいことも多い。そのような場合は，グラフにすることで結果をわかりやすく提示することができる。ただし，わかりやすく提示するためには，適切なグラフを用いることが肝要である。人数や身長・体重など数値そのものの分布であれば棒グラフ，全体のパーセンテージなど割合を示す場合には円グラフや帯グラフ，また時間の経過による変化をみたい場合には折れ線グラフを利用することが妥当である。グラフ表現についてはほかにも種類が非常に多いため，ここでは詳しい話は省略するが，データの示す傾向や特徴が「一見でわかる」ことがグラフに求められていることである。

回答選択肢（値）をまとめて分布を示す

　それぞれの選択肢にどの程度のケースと割合（％）が分布しているのかという回答の分布傾向は，回答傾向を把握するための一番の基本情報といえる。ただし，分析を進めていくにあたって，もともとの選択肢のままでは細かくわかれすぎていて，全体の傾向や自分がみたい部分の特徴がはっきりみえにくい場合も多い。そのような場合には，回答の選択肢（値）を適宜まとめて特徴をみやすくする。たとえば「１＝強く賛成する，２＝賛成する，３＝どちらともいえない，４＝反対する，５＝強く反対する」という回答選択肢を，１と２を「賛成＝新１」，３を「中間＝新２」，４と５を「反対＝新３」のような形でまとめ直す。そのように統合した新たな数値を使って度数分布表やそれにもとづくグラフを作ることで，より結果がわかりやすくなることも多い。また，量的変数であっても，たとえば年齢であれば，20～29歳をまとめて「20代」，30～39歳をまとめて「30代」のように10歳ごとの世代の形にすることで，質的変数のように扱って分布をみることもできる。どのような形にして結果を記述するかによって，見えかたが変わってくるのが記述統計の面白いところであり，分析の要でもある。その具体例については，本章第４節において紹介する。

変数間の関連をみる

　これまでに紹介した代表値や度数分布表などは，１つの変数についてその特徴を記述するためのものであった。しかし，たとえば男女で平均給与に違いがあるのか，年齢が高い方が平均給与も高いのかなどを明らかにしたければ，複数の変数同士（性別と給与，年齢と給与）がどのように関連しているのかを検討する必要がある。たとえば事前に設定した仮説として「○○のほうが△△になりやすい」「○○の場合には，△△が多くなる」など，○○と△△との影響関係を想定していた場合には，○○にあたる変数と△△にあたる変数との間に関連があるかどうか，ある場合にはどのような関係があるのかを，変数間の関連をみる分析によって検討する必要がある。

　変数間の関連をみる分析手法は，２つの変数が量的変数同士か，それとも質

的変数同士か，あるいは量的変数と質的変数の組み合わせなのかによって異なる。

　まず関連をみたい2つの変数がどちらも量的変数の場合には，相関係数という統計値によってその関連の強弱を端的に把握することができる。2つの変数のうち一方の変数の量が増えるともう1つの変数の量が増える（「正の関係」と呼ぶ），あるいは減る（「負の関係」と呼ぶ）というような関係（正確には y=ax という形の式にすることができる「線形関係」）があるかどうかを確認することができる。そのような線形関係がまったくないときは0，完全な正の関係で+1，完全な負の関係で-1という値になる。実際のデータで完全な正あるいは負の関係になることは考えにくく，多くの場合，±0.3程度あれば弱い関係，±0.5程度で一定の関係，±0.7程度以上で強い関係と言われている。

　次に2つの変数のうち1つが質的変数（たとえば男女），もう1つが量的変数の場合には，質的変数のカテゴリーごとに量的変数の側の平均値を比較するという方法が使える。具体的には，性別と平均給与の関連を知りたいのであれば，男女の平均給与を計算すればよい。先に示した公的統計（民間給与実態統計）では，男性が540万円，女性が296万円と250万円程度の差があるとわかる。

　そして2つの変数がどちらも質的変数の場合には，クロス集計表と呼ばれる表を作成することで2つの変数間の関連について確認することができる。ちなみに，クロス集計表では横の並びを「行」，縦の並びを「列」と呼ぶ。たとえば，男女で親との関係の良好度の評価に違いがあるかを検討したければ，データを男性と女性にわけたうえで，それぞれのカテゴリーごとの回答の比率を計算し，それを一覧にまとめるのである（表9-3参照）。この場合，男性で「とてもよい」と回答した人は96人いる，とわかる。また，それぞれの度数を提示するだけでなく，度数分布表でも提示した割合（相対度数%）を提示する方が傾向を確認しやすい。具体的には，男性で「とてもよい」と回答した人の（男性内の）割合は，「男性（行%）」で示されるように48%である，ということがわかる。また，基本は「原因」と考えられるような変数を行（横の並び）の側とし，それぞれの行の内訳としての相対度数を提示することで，その2つの変

表9-3　親子関係良好度と性別のクロス表

	とてもよい	まあよい	あまりよくない	とてもよくない	合　計
男性（人数）	96	62	38	4	200
男性（行％）	48	31	19	2	100％
女性（人数）	116	40	22	22	200
女性（行％）	58	20	11	11	100％
合　計	106	51	30	13	400
全体（行％）	53	25.5	15	6.5	100％

数の関連が検討しやすくなる。

　なお，以上で紹介したデータ分析はエクセルで可能だが，SPSS や R などの専門の統計ソフトを使うとより簡便に実行できる。使いかたは，それぞれの統計ソフトごとに数多く解説書が出版されており，またインターネット上の検索でも使用方法を学習することは比較的容易である。特にフリーソフトである R については，必要な基本的手順，その関数などが各種のウェブサイトで紹介されており，インターネット上で多くの分析方法を知ることができる。SPSS もネット上で「SPSS　クロス集計」などのように自分が行いたい分析について検索してみると，具体的な作業手順を丁寧に教えてくれるサイトを見つけることができる。

4　分析結果をどう読むか

　データの分析にとりかかり，クロス表を作成したところで，「これをどう読めばいいんですか」という質問を学生から寄せられることは少なくない。これが正しい読みかたという唯一の正解があるわけではない。クロス表のどこに注目するのか，％の数値がどれぐらいだと割合が多い／少ないと判断するのかといったことは，かなりの程度分析者の分析センスにゆだねられている。分析センスというと分析経験にもとづく直感のようなものに聞こえるが，先行研究の精査を通して得た分析対象に関する知識のありようによるところが大きいと考

える。

　同じクロス表をみても，分析者によって着目する点や解釈が異なることは少なくない。たとえば「親との関係の良好さ」と「性別」との関連についてクロス表でみようとする場合に，ある人は親との関係が「とてもよい」「まあよい」にあてはまる人が男女ともに8割以上であることから，親子関係の良好さと性別との間に関連はないと結論づけるかもしれない。またある人は，「とてもよい」にあてはまる人だけをみれば女性の割合の方が10ポイントほど多くなっているため，親子関係の良好さと性別は関連しており，女性の方が親との関係が良好であると考えていると結論づけるかもしれない。数値で結果を示されると客観的で恣意性がないようにみえるが，結果のどこをどのように取り上げるのかによって結論が異なることは少なくない。こうしたデータ解釈の恣意性が意図的に悪用されれば，自分にとって都合のよい結論を導き出すために，自分の主張したいことに適合した数値だけを切り取って報告を作成するということにもなりかねない。残念ながら，そうした事例は公的団体や大企業が行う調査においても散見される。

　もちろんそのような偏ったデータ解釈は望ましいことではなく，それゆえに，分析結果を適切に解釈する際には，分析結果が示している傾向をさまざまな角度から熟視する必要がある。先の親子関係のクロス表（表9-3）を例にとっていえば，女性の方が親との関係を「とてもよい」と回答する割合が多い一方で，「とても悪い」という回答も10％程度と男性の3％よりもやや多くなっている。このような場合には，その双方の傾向を含みこんで結果を解釈することで，よりリアルな親子関係の実態に迫ることができるだろう。

　こうして分析結果が示す傾向を多角的にみたうえで，報告書や論文，レポートの考察や結論の部分では，あらかじめ設定していた仮説が全体的／部分的にあてはまるのか，それともあてはまらないのかについて述べ，先行研究で提示されてきた傾向や主張を追認する結果が示されたのか，それとも一部異なった結果が示されたのかを述べる。もし先行研究と異なる結果がみられる場合には，その違いが調査対象の違いによるものなのか，質問文や回答選択肢の違いによ

るものなのかなど，想定しうることを解釈として提示することになる。

　調査票調査のデータ分析は量的研究あるいは量的データの実証研究ともいわれるが，その研究論文では「問題設定・先行研究・データの概要・分析・結果・考察・結論」という構成が1つの定式となっている。報告書の場合には考察と結論の部分が論文に比べて相対的に比重が軽くなることが多いが，おおまかな構成は変わらない。

　次節では，具体的な調査研究事例にもとづいて，社会調査と基礎的統計分析のプロセスについて紹介していきたい。

5　調査研究事例

大学生の親子関係と将来設計に関する調査研究——事例①

　調査事例の1つめは筆者が大学の社会調査法実習の授業として行ってきた調査である。10年以上該当科目を担当し，毎年同じ「大学生の親子関係と将来設計」をテーマとして実施してきた。調査テーマにもとづいて，調査項目は大きく「現在の親子関係」「将来設計」「将来の親子関係（予想や希望）」の3つで構成される。

　年間を通して合計30コマの授業のなかで，調査票の設計から実査，報告書の作成までを学生たちが行う。調査テーマと3つの大項目の設定，調査方法（有意抽出・自記式・集団配付・集団回収）はあらかじめ決定されているが，その範囲内で初心者の学生たちは仮説，調査項目，質問文と選択肢を考え，表紙を含めてA4版8枚以内にレイアウトして調査票を作成する。そのうえで大学の講義後に配付し，回収した調査票をデータ入力したうえで統計ソフト（SPSS）で基礎的分析を行い，それぞれが担当箇所について報告書原稿を作成する。有意抽出であるため結果の一般化は難しいが，データにどのような偏りがあるのかをできるかぎり明確にするために，社会調査に関連する講義の後に学生に調査票を配付し，同じ首都圏内の大学でも同様の条件で実査を行い，大学による違いについて確認できるよう留意している。

　これまでにどのような仮説にもとづく検討が行われてきたか，その一部を紹介すると，「親子関係が良好であると結婚希望年齢が低い」「母親が働いていると女性は一貫就労型のライフコースをする傾向にある」「母親が専業主婦であると男性は将来の結婚相手（妻）に専業主婦型のライフコースを希望する傾向にある」などが挙げられる。「現在の親子関係」「将来設計」「将来の親子関係（予想や希望）」の３つの項目間の関連性を意識しながら仮説設定することを推奨しているため，そうした仮説が多く設定される傾向にある。

　そして，未婚者を対象にした世論調査の調査票などを参考にして質問文や選択肢の文言およびレイアウトを検討しながら，オリジナルの調査票を作成する。調査は無記名，任意協力としているが，両親が健在か否かや結婚希望，希望する子ども数などセンシティブな質問項目が多くなるため，回答者への配慮はいくらしても充分ということはない。そのため「いっそこのテーマでの調査をやめた方がいいのでは」という意見が学生からでることもあった。

　学生が調査票の作成の次に時間をかけて苦労するのが，調査票を分析可能なデータに作り上げるまでのエラーチェックと修正作業である。グーグルフォームなどを使ったネット上での調査ではこの作業が大幅に省略可能となることも多いが，紙の調査票を用いた調査の場合には，データ入力とその後のエラーチェックの段階では複数人で効率よく作業することが必要となる。

　ようやく苦労して作成した調査データを分析していくと，あらかじめ設定していた仮説があてはまることもあればそうではないこともある。あるいは部分的にあてはまる／あてはまらないこともある。仮説があてはまらないからといって分析が無駄だったわけではなく，その場合にはなぜあてはまらなかったのかを検討することが重要となる。仮説があてはまらなかった，あるいは部分的にしかあてはまらなかったのはなぜか。用いたデータに偏りがあったため現実をうまく反映できなかった可能性が高いのか，それとも仮説自体を考え直し，別の要因との関連性についてあらたな仮説を立てて検討する必要性があるのかをデータと対話しながら検討し，考察する。そうしてさらなる研究に続けていくことになる。

　毎年繰り返し同じテーマで調査票を作成し，後輩たちは先輩たちの調査票や報告書を参考にしてもいるが，「将来設計」として想定される内容自体が変化し，質問項目は少しずつ変化してきてもいる。またSNSの普及などによって，親子関係を把握するために必要な質問項目や選択肢のありようも大幅に変わってきている。同じテーマで調査を企画しても，毎回あらたな発見や疑問が生まれるところが社会調査を通して感じられるリアリティであり，面白さである。

壮年世代の介護イメージの調査──事例②

　研究事例の2つめは，筆者が実施した公募モニター対象のネット調査である。調査会社が自社の登録モニターから調査対象者として条件に合う人に依頼して，ネット上で回答してもらう形式である。

　壮年世代（35〜50歳）の男女が近い将来自分にふりかかるかもしれない老親の介護について，理想としてはどのように関わることを希望しているのか，実際にはどうなりそうだと予想しているのかの双方を把握し，両者のギャップとその要因を明らかにすることを目的とした調査である。調査票を作成した後，実査からデータ化までの過程は調査会社に依頼して行った。調査に先立って，内閣府が行った世論調査など複数の大規模標本調査の二次分析による研究を行っていたが，既存の調査では老親介護の「親」が自身の親か配偶者の親かの区別や，父親と母親の区別がなされていない場合が多く，また介護への関わりについて理想と予定の双方を把握したものは見つけられなかった。

　しかし先行研究の精査と二次分析研究を通して，どの親に対する介護かによって回答が変わりやすいこと，また介護への望ましい関わりかた（理想）について把握した調査と予定される関わりかた（予定）について把握した調査とでは回答傾向が異なり，理想と予定を類似のものとして扱い難いことなどがわかってきた。そうなると，それらの課題をクリアできる調査データをあらたに作り出す必要があり，オリジナルな調査をすることになる。

　とはいえ，人手と費用の両面において標本調査は現実的ではないことに加えて，壮年世代の有配偶男女で親が健在という特定の条件を満たした人に限定し

て対象者を抽出することの難しさから，公募モニター調査を選択することとなった。有意抽出であり調査会社の登録モニターが対象であるという点で，偏りがあることは前提となる。ただし，性別や年齢の偏りが大きくならないよう，直近の国勢調査を参照して，男女別年齢別の割当法を用いてサンプル数を設定した。

　この調査は，既存の調査では把握されてこなかった意識の傾向を確認することを目的としておりその意味で仮説検証型というよりも探索型の色合いが強い調査であるといえる。ただし，介護への関わりかたに関する理想と予定との間にはギャップがあるだろうという想定（大まかな仮説）にもとづいて調査項目を設定した。

　インターネットの普及により学術調査においてもネット調査の利用は多くなってきている。このような現状において，ネット調査が抱える課題や限界とネット調査ならではの利点や発展可能性の双方について建設的な議論・検証や提言がなされている[5]。そのなかで，公募モニターを対象としたネット調査と無作為抽出による個別面接調査の結果を比較した研究では，変数間の関連性についての分析においては両者の結果は類似したものであったことから，新たな意識項目の導入を検討するための予備調査として，ネット調査の利用可能性があると指摘されている（轟・歸山 2014）。事例②の調査研究は，人々の介護意識を新たなかたちで把握することを目的としており，そうした点で公募モニター形式のネット調査を行うことに意義が認められる。事例②の調査研究の結果として，老親介護における家族志向の強弱，あるいは外部化志向の強弱は必ずしも単線的で同質的なグラデーションとして把握できるわけではなく，たとえば「家族のみで介護」と「主に家族・親族で介護」という回答の間には，量的な（強弱の）違いだけではなく，質的な違いがあることが示された。また老親介護への関わりかたにおける理想と実現可能な予定との不一致パターンは，男女でその内容が異なることも確認された。介護のありかたが多様化し，介護をめぐる規範もあいまいになる中で，人々の認識は複雑な様相を呈している[6]。

　既存の枠組みでは捉えがたい動向をつかむために，オリジナルな調査を行い

一次データをもとにした分析を行うことは必要である。ただし，それを成功させるためには，先行研究が積み重ねてきた知見や調査の内容を充分に検討し，その限界と意義を理解しておくことが欠かせない。先行調査の意義と限界を理解するなかで，オリジナルな調査の必要性（調査の目的と意義）が明確になるだろう。

文献案内 📖

①尾嶋史章，2001，『現代高校生の計量社会学——進路・生活・世代』ミネルヴァ書房。

　高校生の意識（ジェンダー意識や職業観など）のありようについて，興味深い結果がまとめられている。テーマが身近であることに加えて，無作為抽出にもとづかない調査票調査データを用いた分析の限界と有効性についての丁寧な説明が非常に参考になる。

②髙橋信，2004，『マンガで学ぶ統計学』オーム社。

　萌え系絵柄のマンガのストーリーを追いながら，基礎統計をわかりやすく教えてくれている。身近な具体例を取り上げながら統計の活用方法が提示されており，数字や統計に苦手意識がある人にもおすすめ。社会調査・社会統計のテキストについては，本章注(1)も参考にしてもらいたい。

③田辺俊介，2004，「『近い国・遠い国』——多次元尺度構成法による世界認知構造の研究」『理論と方法』19(2)：235-249。

　日本人の大学生・大学院生61名を対象に行った調査票調査をもとに，人々が世界の国々をどのように分類して認識しているかを検証した論文である。限られたサンプルを用いて，人々の見方の複雑さとその規則性を探索的に明らかにしている。

注

(1)　社会調査と社会統計に関する初学者向けのテキストをここで少し紹介しておきたい。2021年に第4版が出版された轟・杉野・平沢編（2021）のテキストでは，社会調査法について基礎と発展をわけて提示しており，初心者は基礎の部分を読むことで調査の基本的な手順が理解できるようになっている。また基礎的な社会統計分析についても丁寧に教えてくれる。伊達・高田（2020）では，インターネット調査に

ついての章で，グーグルフォームを使った調査の実施や調査会社のモニターを使った調査の依頼や見積もりといった実践的な手引きが提示されている。社会統計入門である神林・三輪（2011）は，『社会調査のための統計学——生きた実例で理解する（現場の統計学）』というタイトルから想像できるように，文章も読みやすく初心者向けに丁寧にわかりやすく教えてくれている。ボーンシュテッドとノーキの『社会統計学——社会調査のためのデータ分析入門』（Bohrnstedt and Knoke 1988=1990）は，練習問題もついており，基本をしっかりと独習できるテキストとして広く用いられている。

(2)　調査・分析には，仮説検証型（仮説が検証されるかを検討するタイプ）と探索型（どうなっているのかを記述するタイプ）の2つがあるが，安易に探索型として調査を進めてしまうと分析の段階になって必要なことが聞けていないということが判明したり，得られた結果をどう解釈してまとめればいいのかわからなくなったりという事態に陥りやすいため，特に調査研究の経験が浅く，規模も小さい場合には仮説検証型が適していると思われる。また後半の調査事例の紹介でも述べているが，探索型の色合いが強い場合でもなんの仮説もたてられない（まったくなんの想定もできない）ということはきわめて少ないと思われる。あらかじめ大まかな仮説であってもたてておくべきであろう。

(3)　給与の平均値と最頻値は民間給与実態統計，中央値は賃金構造基本統計より概算。

(4)　平均値との差を二乗した値の平均値である分散や，その値をルートした標準偏差などが，特定の変数の散らばり具合を比較する値としてよく用いられる。そしてそれらを応用することで「偏差値」などの値も計算できる。

(5)　日本学術会議の「提言　Web 調査の有効な学術的活用を目指して」（2020）では，ネット調査を有効に活用していくために研究者や調査会社に求められるポイントとして，①Web 調査の問題点を的確に理解した上での活用，②（調査研究者による）データ収集の幅の拡大，③センシティブな質問の積極的活用，④（調査会社による）登録モニター情報の公開，の4点を挙げている。

(6)　事例②の調査研究結果の詳細については，中西（2021）を参照されたい。

文献

Bohrnstedt, George W. and David Knoke, 1988, *Statistics for social data analysis*, 2nd ed., Peacock.（海野道郎・中村隆訳，1990,『社会統計学——社会調査のためのデータ分析入門』ハーベスト社。）

伊達平和・高田聖治，2020,『データサイエンス体系　社会調査法』学術図書出版社。

神林博史・三輪哲, 2011, 『社会調査のための統計学——生きた実例で理解する（現場の統計学)』技術評論社。

中西泰子, 2021, 「壮年世代の老親介護意識にみる世代間関係と性別分業」小池誠・施利平『家族のなかの世代間関係——子育て・教育・介護・相続』日本経済評論社, 125-150。

日本学術会議社会学委員会web調査の課題に関する検討分科会, 2020, 「提言　Web調査の有効な学術的活用を目指して」(https://www.scj.go.jp/ja/info/kohyo/pdf/kohyo-24-t292-3.pdf)。

轟亮・杉野勇・平沢和司編, 2021, 『入門・社会調査法——2ステップで基礎から学ぶ［第4版]』法律文化社。

轟亮・歸山亜紀, 2014, 「予備調査としてのインターネット調査の可能性——変数間の関連に注目して」『社会と調査』(12)：46-61。

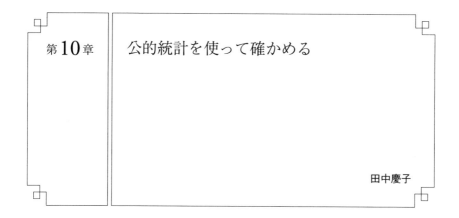

第10章　公的統計を使って確かめる

田中慶子

1　公的統計とはなにか

公的統計は身近にあふれている

　研究の対象とする事象についての「全体像」をデータでおさえることは，量的・質的，どちらのアプローチをとるにしても最初にやるべき重要な作業である。量的研究を行う場合はもちろんのこと，質的研究の場合でも，たとえば研究対象とする条件を満たす人はどのぐらい存在するのか，そもそも対象条件を満たす人数や状況がわかるデータ（調査）はすでに存在するのかを把握することが第一歩となる。そこでもし量的なデータがすでにたくさんあるのであれば質的アプローチよりも量的アプローチの方が妥当であるかもしれないし，充実したデータを活かす複合的なアプローチを構想できるもしれない。既存データが「ない」ということは質的にアプローチすべき動機にもなりうる。事象に関するデータは，インターネットで検索すると簡単にさまざまなデータがみつかるかもしれないが玉石混交である。研究の作法としては，まず国や行政機関，地方公共団体または独立行政法人等が作成する公的統計（かつては「政府統計」や「官庁統計」とも呼ばれていた）にあたることが必須である。

　公的統計とは「統計法」という法律にもとづき国が作成する調査統計，さらにそれを集計・加工したものも含む。公的統計は政策立案等のエビデンスと

いった行政利用だけではなく，社会全体で利用される情報基盤と位置づけられる社会の重要なインフラである。公的統計のなかでも特に重要な統計は基幹統計といわれ，2022年時点では53の調査が該当する。たとえば基幹統計の１つである「国勢調査」は５年に一度，０と５のつく年の10月１日に実施されている。その時点で日本に居住している者すべてが調査対象となるので，みなさんも対象者として調査に回答しているはずである。また基幹統計には，大学への進学率をみる「学校基本調査」や，失業率などを調べる「労働力調査」など，身近なニュースでも耳にしたことがある調査も含まれている。[1]

　社会学の研究においても，公的統計を用いた代表的な研究として，古典にして金字塔的業績ともいえる，地域単位の自殺率のデータを用いて社会の凝集性と自殺率の関連を明らかにしたデュルケムの「自殺論」（Durkheim 1897＝1985）や，「第１回国勢調査」（大正９年実施）を利用して家族と暮らしていない人の分布を調べ，社会変動や社会福祉の必要性を指摘した戸田貞三の「家族外生活者」研究（戸田 1926）を挙げることができる。

　公的統計は調査ごとに調査内容が決められており，（調査年による違いや特別集計の発表が追加されることもあるが）決められた項目の集計結果のみ公表される。そのため，自ら調査・収集したデータや既存の学術調査の個票データの二次利用とは異なり，公表されている統計，つまり「あるもの」だけで研究を考えなくてはいけないという制約がある。しかし，研究課題となる新たな「問題」は常に出てくるし，データも月単位や年単位あるいは数年に一度というペースで次々と追加されていく。そのため，過去の研究の追加検証も含め，テーマの発見や問題設定，新たな手法でのデータの加工や分析方法の採用，扱うデータの期間次第で，新しい研究成果を生み出せる「宝の山」でもある。

公的統計はどのように使えるのか

　公的統計で研究しようという場合，主に２つのアプローチがある。第１は後で詳述するが既存の統計調査の結果（集計結果）の利用・加工である。第２は公的統計ミクロデータの利用（統計データの二次的利用）である。第２のミクロ

データの利用については，①オーダーメード集計の利用，②調査票情報および匿名データの利用の2種類に大別される。①のオーダーメード集計とは，公表されている統計にはないが高い公益性がある場合に，研究者がデータ提供拠点に作表を申請し，許可が出た場合，機関に委託し，有償で集計結果を得ることができるしくみである。②の調査票情報および匿名データの利用とは，統計調査によって集められた調査票情報を，特定の個人または法人その他の団体の識別ができないように加工（匿名化措置）したデータについて，利用計画を作成し，申請して許可が下りた場合，研究者に提供されるしくみである。①と②ともに，利用の目的として「学術研究の発展に資する統計の作成等」「教育の発展に資する統計の作成等」「官民データ活用推進基本法により指定された重点分野に係る統計の作成等」のいずれかの明確な目的がなければ申請を行えず，申請者の条件（資格）や実際の利用方法についても，規定にしたがい計画通りに利用することが厳格に定められている。また作表やデータ提供は有料であり，2022年時点では，オーダーメード集計の場合，作表の作業1時間あたり4400円（＋メディア代・郵送料）が，匿名データの申請にも1件あたり1950円＋匿名データ1ファイルにつき4450円（＋メディア代・郵送料）が必要となる。オーダーメード集計は，作表内容の複雑さや委託する作表数にもよるが，第1のアプローチでは得られない作表を委託する場合には，概して数万円の出費となる。そのためオーダーメード集計は学生には資格や金銭的な負担の面でややハードルが高いと思うが，このように既存の公表結果以外の集計を可能とする手段が開かれていること，そして公的統計の学術利用が促進され，さまざまなサービスが増えてきていることは知っておいてよいだろう。[2]

2　既存の集計結果を用いた研究

日本の女性は主婦化してから脱主婦化したのか

　ここからは第1の集計結果を用いた研究の具体例として，「主婦化」をテーマに分析のプロセスを示す。「主婦」とはなにか，さまざまな議論や定義があ

第Ⅲ部　量的データを使う

るが，ここでは代表的な論者である落合恵美子（2019：18-19）の定義をもとに「主婦化」とは「女性が結婚・出産・育児期に家庭に入ること」と整理する。近代社会の変化を考えるうえで，女性の就業の問題，その指標となる女性の労働力率は重要であり，みなさんも「M字型就労パターン」という言葉を一度は耳にしたことがあるだろう。年齢層別の女性の労働力率は，特に労働，ジェンダー，家族という諸研究においては重要なデータである。これまでの先行研究においては，日本ではいわゆる「団塊の世代」（ここでは1946〜1950年生まれと広く定義する）が結婚・出産・育児期を迎えた1960〜1970年代に，年齢別の女子労働力率曲線（いわゆるM字型カーブ）の「底」が一番深くなり（すなわち「主婦化」），それ以降労働力率は上昇に転じ「再労働力化」あるいは「脱主婦化」（松木 2017：22）という変遷をたどったという説明が広く知られてきた。当時は女性のライフイベントは，結婚が20代半ば，出産が30代前半までに経験する状況が平均像であるとされた。ただし落合は，近代化後進国の日本では，短期間での急速な近代化の過程において主婦化と再労働力化の傾向が重なり労働力率は相殺されているという（落合 2019：27）。

　この「主婦化」の過程に関して，女性個人の就業経歴を捉えた個票データ（SSM調査）を用いた研究には，落合の説明を支持する結果（岡本ほか 1990）がある一方，自営層の取り扱いという「主婦化」の指標の設定によっては異なる解釈も可能である（田中 1999）。また団塊の世代以前とそれ以降のコーホート（1935〜1994年生まれ）も含めて観察すると，女性のライフコースにとっては，結婚や出産というライフイベント時の就業継続は依然として困難である，すなわち就業を一時期中断して「主婦」の時期を経験するというライフコースのパターンに大きな変化がない，つまり脱主婦化の傾向は認められないという知見もある（吉田 2021）。

　女性がいつ主婦化したのか，そして脱主婦化したのかという問いに対して，なぜこのような齟齬が生じるのか。まずは背景にある先行研究，特に学説や研究動向を把握することが必要である（第8章を参照）。次に数多くの先行研究の方法や結果をすべてレビュー（メタ分析）して，知見の整合性や妥当性を検証

することも研究方法の1つである。主婦化や脱主婦化を議論する際に，SSM
調査を用いた諸研究では個票（ミクロデータ）を用いて結婚・出産というライ
フイベント前後での就業の変化を観察しているが，落合は公的統計（マクロ
データ）を用いた長期的な推移およびコーホート比較による観察から，産業構
造の転換を要因として主婦化という変化が生じた時点を特定・解釈していると
いう違いがある。個票を用いた研究の説明は他の章にゆずり（一次データについ
ては第9章を，既存の個票データを用いる二次分析は第11章を参照），ここではさら
に落合の説明を詳細に検討していこう。

　落合が主婦化や脱主婦化を議論するのに用いたデータは，①1920～1970年代
生まれの女性の年齢別労働力率を出生コーホート単位で表章したデータ（1970
年以前は「国勢調査」を，それ以降は「労働力調査」），②1880年～2000年まで20年
ごとに日本の年齢別女性労働力率の長期的変化を時系列で比較したデータ，③
1900～1995年までの日本と諸外国の女子労働力率の長期変動を示し，M字型や
台形型の国々との比較を示すデータ，というものである。古い年代は推計値で
あるのはやむを得ないとしても，「女性全体」の労働力率を指標・根拠として
観察している。あらためて考えてみると，主婦化の議論において女性全体を対
象とした労働力率を指標としてよいのかという疑問が浮かぶ。なぜなら，結婚
による退職推奨等の慣行がなくなり，定年まで雇用されるという仮定が必要で
あるが，未婚化や晩産化の進展により女性の就業中断の必要性がなくなれば，
女性の労働力率は高まるはずであり，女性全体の集計は未婚者や女性の雇用の
動向に左右されることになる。そのため厳密には，結婚・出産した女性に限定
して精緻に変化を観察することが必要であろう。さらに近代化以前の女性の労
働力率が高かった時代において，女性は農林業や自営業にとっては家族従業者
であったが，女性労働者が雇用者へと転換したことも主婦化／脱主婦化の観察
のポイントになるはずである。そのため，労働力といっても自営や家族従業者
なのか，あるいは雇用者なのかを細分化して，その長期的推移を観察すること
が必要であろう。落合の研究では2000年時点で1970年代生まれまでが対象で
あったが，新しい年齢やコーホートではどうなっているのか，脱主婦化の進展

はみられるのかという課題も浮上する。あらためてこのような課題にもアプローチしてみよう。

「主婦化」に関するデータを探す

　最初のステップは自分の研究テーマに関してどのような公的統計があるのかを検索することである。政府統計の総合窓口「e-Stat」(https://www.e-stat.go.jp/) というポータルサイトにアクセスすれば，調査名一覧やキーワード検索などから該当する統計を探すことができる。一般に公的統計は，行政等の公的機関が主体となって実施する全数調査や，抽出調査であっても大規模なデータであり，主たる調査は同一項目を反復して尋ねる調査設計が多いため，①時点や時期を特定したトレンドの観察（たとえば災害や景気変動の前後での変化など），②時系列の推移（長期的変遷）の観察，③地域性（都道府県や地域ブロック単位）の観察が行えるという強みがあり，これらを生かせる研究に最も向いている。

　しかし，公的統計には調査による「クセ」がある。内容的に同一の情報でも調査が異なれば異なる尋ねかたをしていたり，調査方法や年次，さらには集計の区分が異なっていたりするため単純にデータを比較したり，接合したりできない。また時系列でみると集計がない年や，途中から時代や状況の変化に応じて調査項目や分類基準が変わっていることもある。そのため，データの選定にあたっては，①調査の主管や統計の作成主体はどこか，②調査目的はなにか，③調査は全数調査なのか標本調査なのか，標本調査であれば，どのように標本を抽出しているのか，調査対象の数はどれぐらいか，有効回答数および回答率はどれくらいか，④たとえば都道府県単位，市区町村単位，年齢階級別，性別，産業分類別など，公表されている集計結果はどのような粒度で利用可能なのか，⑤調査は5年ごと，1年ごと，四半期ごと，月ごとなど，どれくらいの間隔で実施されているか，利用可能な最新の調査はいつの時点か，過去のデータも利用可能な場合，いつの時点まで遡ることが可能か，⑥どのような項目が集計可能か，といった6つの事項を丁寧に確認する必要がある（羽室編 2021）。

　「主婦化」の議論に必要な女性の労働力のデータに関しても，複数の基幹統

計から得ることができる。代表的なものとしては「国勢調査」（実施主体：総務省統計局），「国民生活基礎調査」（同：厚生労働省），「労働力調査」（同：総務省統計局），という3つの調査から情報を得ることができる。しかし，これらは調査方法，調査間隔，労働力の捉えかた，配偶状態や子どもの有無など条件別の集計が可能かといった点で異なっており，前述のような新たな課題を完全に検証できる調査データは残念ながら存在しない。「国勢調査」は全数調査であり，実施開始年が早く，性別・配偶別に5年に一度，10月1日時点での就業状態を捕捉できる。都道府県単位の細かい集計も可能であるが，条件別のデータが揃うのは近年のものであり，開始から間もない調査回では性別の集計もない。「国民生活基礎調査」は，配偶状態と「18歳以下の子どもがいる世帯」と「子どものいる主婦」に対象を絞ることができるが，数年に一度の抽出調査で，回答者の偏りを考慮する必要があり，そして調査期間（回数）が他の2つと比べ短い。「労働力調査」は抽出調査で推計値での公表ではあるが，毎月・毎年単位で報告があり，配偶別での集計があり，労働力の詳細な区分も可能である。しかし，そのような詳細な集計が公表されているのは1963年以降であり，一部欠落のある年（1967年，2011年）がある以外にも，集計の年齢区分は古いもので15〜19歳，20〜24歳，25〜29歳，30〜39歳，40〜54歳……と若い世代は5歳区分なのに30代以上は区分の幅が大きくなっており，時系列の比較が難しい。

　このように，それぞれの調査には一長一短があり，自身の課題に応じて各調査の特徴を吟味し，適切なデータを選択することが最初の課題である。ここでは，できるだけ長期にわたる推移を観察できることを重視し，配偶状態と労働力状態の区分ができる「労働力調査」を用いて，検証を進めていくことにする。

データを揃える・加工する

　次のステップは，実際に必要なデータを揃えることである。まずは先述のe-Stat から，当該調査の詳細を，調査票が公開されている場合は質問文や選択肢なども確認してから，必要な集計表の所在を確認してほしい。「労働力調査」では，配偶状態別の労働力状態の詳細が捕捉可能であり，長期にわたる推

移を観察できる。ただし出産（子どもの有無）を考慮できない点は留意が必要である。ここでは落合が観察した「労働力率」，すなわち15歳以上人口に占める労働力人口［就業者＋完全失業者］の割合ではなく，①非労働力率すなわち，15歳以上人口に占める非労働力［就業者でも失業者でもない人≒専業主婦や学生など］の割合と，②非農林業の雇用者の割合，という2つの項目に注目し，有配偶女性に限定して観察してみよう。⁽³⁾

　このような設定とするのは，労働力率では農林業や自営・家族従業者が含まれるので，旧来の女性の就業パターンも混在するため，まったく就業していない完全な専業主婦とみなされる「非労働力人口」を脱主婦化の指標として正規か非正規かや，労働時間等を問わない「非農林業の雇用者」の割合と併せてみることで，主婦化／脱主婦化の長期的変遷を別の視点から観察するという試みである。全体からこの①と②を除くと，残る部分は農林業就業者，自営や家族従業者，失業者という，主婦化／脱主婦化の軸の中間にあたる「グレーゾーン」となる。

　分析に必要なデータは，各年の「労働力調査」における有配偶女性に限定し，15歳以上，5歳幅での年齢層別に，人口，非労働力人口，非農林業の雇用者数である。2022年時点では，2000年以降の当該データは e-Stat から効率的に入手することができる。e-Stat の DB 機能を生かして表章内容を「女性」「有配偶」に限定してデータを生成し，ダウンロードすることができる。「労働力調査　基本集計　全都道府県　全国　年次」の「就業状態，配偶関係，年齢階級別15歳以上人口」が該当する。

　1999年以前については冊子体で公表されている『労働力調査　年次報告』から，1年ごとに当該集計表を探し出す。集計表のコピーをとるなど，データを後から確認できるように集めることも肝心である。2000年以降の形式に揃えて各項目について統計表をみながら必要なデータを入力，加工していく。これらの過去の統計や報告書は大きな図書館に行かないと所蔵されていない場合が多く，また古い年次の資料は書庫に所蔵されているため閲覧や複写が簡単ではない場合もあり，すべてのデータ，特に古い年次のものを揃えるにはある程度の

時間を見込む必要がある。また先述の通り，年齢幅が異なっていたり，ある年から集計事項が変更されていたり，欠測となる年があったりするため，それらに注意しながら加工していく。「労働力調査」は単位が「万人」での表章であるため，たとえば20代後半の有配偶女性の人口といった大きな数字でも４桁ないし５桁（例：2000万人→2000と４桁の数字）の入力であるが，「国勢調査」では「人」単位（実測値）なので，同じ情報でも入力桁数も多くなり（例：20,000,000と８桁の数字），根気がいる作業となる。古い時代のデータが必要な場合，これらの作業に時間がかかることを想定しておこう。

データを読み解く・解釈する

　このような手続きを経て完成したデータを棒グラフで示してみよう。図10－1には有配偶女性全体および25～29歳，30～34歳，35～39歳という，いわれる結婚・出産・育児期にあたる３つの年齢層のグラフを示した。ただし，全体と20代後半は1963年から直近まで，30代の２つのグラフは1968年以降の集計結果である。グラフ左側は非労働力率，すなわち「純粋な」専業主婦の比率を，グラフ右側は非農林業の雇用者率を示し，雇用者率が高まることは脱主婦化の傾向と理解する。

　まず有配偶女性全体のグラフをみると，専業主婦が多い時期を仮に50％を超えているという基準でみると，1970～1980年ごろと，2000～2010年ごろの２つの時期が該当する。年齢層別の結果をみると20代後半においては有配偶女性全体の結果と同様に1970～1980年代に主婦化の顕著な動きがみられ，次第に専業主婦が減り，グラフの中間部分である自営業者等も減って雇用者が多数派になるという「脱主婦化」の動きを認めることができるだろう。だが，30代の２つのグラフでは20代後半と比べて1970年代に専業主婦の増加がそこまで顕著ではないし，雇用者の増加も20代後半と比べゆるやかである。言い方を変えるとグラフ中間の白い部分の形状が異なる。また2000年代の推移についても，20代後半と，30代前後半の２つでは異なり，30代では「再主婦化」ともいえるような非労働力率が高水準の時期がみられる。

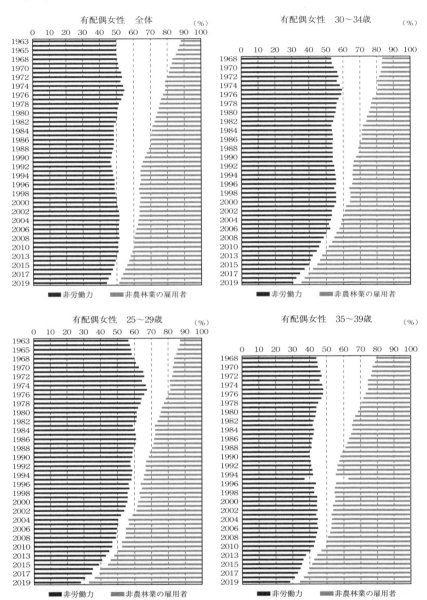

図 **10 - 1**　年齢層別　有配偶女性の非労働力比率・非農林業の雇用者比率の推移

　そもそも労働力率は景気の動向などさまざまな要因に左右されるため，なぜ主婦化／脱主婦化がみられるのかの要因を特定することは難しい。ここでは日本で「主婦化」≒M字の底が深化した時期や，再就業化＝脱主婦化なのか，諸条件で相殺され脱主婦化していないのかといった，その後の変化の解釈に再考・再検討の余地が開かれていると指摘するにとどめるが，先行研究と用いる項目や対象などの観察方法を変えると，別の新たな知見が得られ，さらにアプローチを変えて批判的な検証を重ねる必要性や意義が理解できるだろう。

　次に，落合にならって作成した時系列の非労働力比率≒専業主婦率のデータを5年ごとに区切って出生コーホート単位のグラフに編成しなおしたのが図10-2である。ここでは各年代の出生コーホート後半（x6～x0年生まれ）のみを提示する。集計可能なコーホートは，1930～1970年代生まれの有配偶女性である。本来であれば離死別による入れ替わりなどを考慮する必要があるが，離婚率はやや増えているものの無配偶となる確率は低いため，ここでは5年区切りの擬似コーホートとして集計した。具体的にたとえば1960年代生まれの人は，20代時点の状況は1980年の結果，30代時点の状況は1990年の結果……といったように，コーホートによって年次と年齢のクロス表の集計結果を「ななめ」につぎなおしていくのである（図10-3参照）。

　図10-2は，数値が高いほど「専業主婦」の比率が高いことを示している。グラフは20代後半から40代前半にかけて低下し，40代後半以降やや高まるような軌跡を描いている。各コーホートを比較すると，20代後半においては1940年代後半コーホート（いわゆる団塊世代）が最も高く，コーホート間での差がみられるが，30代前半においては1970年代後半コーホートを除いては拮抗しており，30代後半以降では相対的に1930年代後半コーホートが高位で推移し，1940年代後半コーホートは中高年での再主婦化傾向がみられるが，後続コーホートではそのような動きはない。

　先ほどの図10-1では，時系列の推移から主婦化が進展／反転した時期の特定を試みたが，コーホート別の観察からは，1970年代後半コーホートでは他のコーホートよりもだいぶ低いというように主婦化の経験率は違うものの，30代

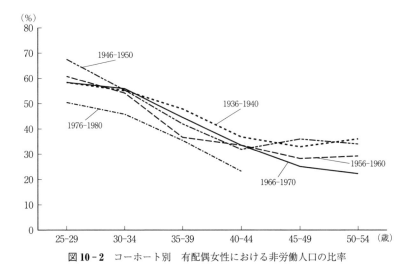

図 10 - 2　コーホート別　有配偶女性における非労働人口の比率

後半以降も主婦という人は半数以下となり，進展のパターンがコーホート間で多少異なることが読み取れる。

　これらの分析の結果から，暫定的な結論としては，日本の主婦化は落合の指摘する団塊の世代とそれ以降のコーホートで変化がみられるというよりも，1970年代後半コーホート（「真正・団塊ジュニア」）から脱主婦化の動きが顕著であると解釈できる。データのさらなる限定による観察や，「国勢調査」など別のデータを用いても同様の知見が得られるか検証の追試を通してさらにテーマを展開することができるだろう。

3　公的統計のさらなる活用に向けて

　上記のような研究アプローチだけでなく，公的統計は量的データを補足するデータとしても活用できる。たとえば都道府県単位で公開されている女性の就業率や，最低賃金といった統計情報を個票データの居住地情報とリンクさせて個票データに加え，マクロな社会構造のデータを付加して個票での個人の意識等との関連を分析することが可能となる。

集計表（入力データのイメージ）

		年 齢 層							
		15-19歳	20-24歳	25-29歳	30-34歳	35-39歳	40-44歳	45-49歳	50-54歳
	1972	50.0	60.1	65.7	57.3	47.0	40.5	40.9	46.0
	1973	75.0	60.5	64.6	56.4	45.9	40.2	40.1	44.7
	1974	75.0	62.9	66.8	58.3	47.4	41.3	39.9	45.9
	1975	75.0	61.9	67.5	59.5	48.0	42.0	40.6	45.4
	1976	66.7	60.7	65.8	59.1	47.8	41.7	40.7	45.0
	1977	66.7	59.0	64.3	57.6	46.9	39.8	40.0	44.3
	1978	66.7	57.9	63.7	56.3	45.0	38.9	38.4	43.5
	1979	50.0	57.3	62.3	56.0	43.9	37.8	38.0	43.5
	1980	50.0	58.0	61.4	55.5	43.8	36.9	37.3	43.3
調査年	1981	66.7	58.8	61.6	54.9	43.3	36.6	36.8	43.3
	1982	66.7	57.7	61.3	54.1	42.3	35.5	35.9	42.6
	1983	75.0	58.4	59.2	53.3	41.7	33.7	34.7	41.4
	1984	75.0	57.5	60.1	53.4	42.6	32.7	34.2	40.7
	1985	66.7	59.2	60.8	53.8	42.2	32.9	32.9	40.5
	1986	50.0	58.2	60.9	54.2	41.6	32.1	33.0	39.9
	1987	66.7	60.3	60.7	53.8	41.1	32.6	32.7	39.8
	1988	66.7	61.0	59.5	54.0	41.1	33.1	31.8	37.8
	1989	66.7	60.3	59.0	53.9	39.9	32.4	30.4	36.9
	1990	66.7	60.0	59.0	54.1	39.8	42.2	29.4	35.8
	・ ・ ・	・ ・ ・	・ ・ ・	・ ・ ・	・ ・ ・	・ ・ ・	・ ・ ・	・ ・ ・	・ ・ ・

上記の表から，調査年と年齢層の情報を出生年に変換して，表を読み替える

☐ 1975年に20-24歳⟹1950-55年生まれ

☐ 1975年に25-29歳⟹1946-50年生まれ

作成されたコーホートごとの集計

	20-24歳	25-29歳	30-34歳	35-39歳	40-44歳
1946-50年生まれ		67.5	55.5	42.2	42.2
1950-55年生まれ	61.9	61.4	53.8	39.8	

図10-3 時系列集計とコーホート別集計の関連

　また e-Stat 内には「地図で見る統計（統計 GIS）」も充実しており，都道府県単位の地図で示すことで，国内の地域間の差異や多様性を発見できるだろう。たとえば三世代同居の比率を都道府県別に図示し，それを時系列で比較していくと，三世代同居率は東北側で高く，西南側では低いというような世帯構成における地域性——「変わらなさ」を発見することができる（たとえば加藤 2009 など）。また主婦化の進展は「都市」と「地方」ではどのように異なっていたのか（たとえば田渕 2018 など），第一次産業中心と第二次産業中心の地域ではどのように異なるのかといったことを地図に示していく研究も可能である。ここでは主婦化というテーマで説明したが，公的統計が捉えている項目は非常に多く，またその期間も長期にわたるものが多い。この「宝の山」を上手に活用するためにも，先行研究での使用例を再検証することや，公的統計にあわせた適切な問いを立てることが求められる。公的統計の情報公開は日々進んでおり，ツールも新たに開発されているので，常に新たな「お宝」をみつけだせるが，それを掘り当てるためのカギ，すなわち研究のアイデアだけは先行研究の中から自分で探し出すしかない。公的統計の報告や，審議会資料などで公表される特別集計の内容などにもアンテナを張りながら，求めるデータを探し出してほしい。

文献案内 📖

①本川裕，2019，『なぜ，男子は突然，草食化したのか——統計データが解き明かす日本の変化』日本経済新聞社。
　　男子の草食化や，治安のよさを実感できないのはなぜかといった身近なテーマについて，さまざまな統計や調査を示しながら解説している。統計をどう「読めば」よいのかが実践的にわかる。著者による Web サイト「社会実情データ図録」もチェックしてほしい。

②橋本健二，2021，『東京23区×格差と階級』中公新書ラクレ。
　　「国勢調査」などの公的統計から東京23区の「社会地図」を描くことで，東京23区内にある格差——中心と周縁，東と西——を多面的に理解できる。統計を組み合わせて活用することや，結果を地図で視覚的に表現することの面白さも

実感できる。

③斉藤知洋，2020，「シングルマザーの正規雇用就労と経済水準への影響」『家族社会学研究』32(1)：20-32。

「就業構造基本調査」の匿名データを用いて，大規模データから，シングルマザーの働き方や学歴による不利な状況を詳細に示し，貧困対策や就業支援に関する新たな施策の必要を示唆している。官庁統計の個票利用によって可能となった研究の好例。

注

(1)　基幹統計の詳細については，総務省のサイトを参照のこと。(https://www.soumu.go.jp/toukei_toukatsu/index/seido/1-3k.htm)

(2)　具体的な申請条件や申請方法等についてはミクロデータ利用ポータルサイト「miripo」(https://www.e-stat.go.jp/microdata/) を参照してほしい。また JDCat（「人文学・社会科学総合データカタログ」(https://jdcat.jsps.go.jp/?page=1&size=20&sort=wtl)や，公的統計の二次利用のハブ機関である大学のサイトなどにも関連情報が出ている（一橋大学 https://d-infra.ier.hit-u.ac.jp/Japanese/)。

(3)　非労働力人口には，厳密には，学生等も含まれるが，非労働力人口の内訳が細分化された詳細集計は古い年次では行われていない。そのため有配偶では専業主婦以外の条件に該当する者の出現数は多くないとみなして，非労働力人口の総数を近似値としてそのまま活用する。

文献

Durkheim, Émile, 1897, *Le suicide*, Presses Universitaires de France.（宮島喬訳，1985，『自殺論』中公文庫。）

羽室行信編，2021，『データの前処理』朝倉書店。

加藤彰彦，2009，「直系家族の現在」神戸大学社会学研究会『社会学雑誌』26：3-18。(http://www.isc.meiji.ac.jp/~katozemi/Kato_2009.pdf)

松木洋人，2017，「日本社会の家族変動」永田夏来・松木洋人編『入門　家族社会学』新泉社，14-29。

落合恵美子，2019，『21世紀家族へ［第4版］』有斐閣選書。

岡本英雄ほか，1990，「ライフコースとキャリア」岡本英雄・直井道子編『現代日本の階層構造4　女性と社会階層』東京大学出版会，63-89。

田渕六郎，2018，「＜戦後家族モデル＞再考」『学術の動向』270：16-20。

田中重人，1999，「性別分業の分析」大阪大学大学院人間科学研究科博士論文（http://tsigeto.info/phd/phd5bib.pdf）。

戸田貞三，1926，『家族の研究』弘文堂。

吉田崇，2021，「女性のライフコースとキャリア形成格差」白波瀬佐和子監修・渡邊勉・吉川徹・佐藤嘉倫編『シリーズ少子高齢社会の階層構造2　人生中期の階層構造』東京大学出版会，81-93。

第11章　二次分析を使いこなす
　　　　──利用可能なデータを広げるために

　　　　　　　　　　　　　　　　　　　　　　　　　　鈴木富美子

1　二次分析とはなにか

　量的なデータを用いた調査研究を行う場合，2つの方法がある。1つは，調査の設計から実査，データ分析と報告書執筆までの一連の作業を実施する一次データにもとづく研究，もう1つはすでに存在する利用可能なデータを分析し，有益な知見を引き出す二次データにもとづく研究である。前者を一次分析，後者を二次分析という。本章では，二次分析に焦点を当て，二次データを利用して研究する意義や利用するメリットとデメリット，利用する際のコツや注意点などを解説し，二次分析を用いた研究事例を紹介する。

二次分析とデータアーカイブ

　欧米では二次分析の解説書が1970年代はじめに出版され，一般的な研究方法として確立し，二次データを用いて多くの研究が実施・発表されてきた。これに比べ，日本で二次分析が行われるようになったのはそれほど昔のことではなく，二次データを用いた研究はなかなか定着しなかった。その理由として，研究者自身がデータを収集する一次分析による研究のほうが既存データを用いる二次分析による研究よりも高く評価される傾向にあったこと，そもそも公開データ自体が少ないことなどがあげられる（佐藤ほか 2000）。

　近年，日本で二次データの利用が活性化してきた要因の１つにデータアーカイブの存在がある。データアーカイブは，「統計調査や社会調査の実施者からの委託を受けて個票レベルでのデータと調査方法に関する情報を収集・保管し，その散逸を防ぐととともに，学術目的での二次分析を希望する者に提供する機関」（三輪・佐藤 2018：70）である。1990年代に入ると徐々にデータアーカイブ設立に対する機運が高まり，札幌学院大学社会情報学部の「社会・意識調査データベース作成プロジェクト」（SORD）を皮切りに，1998年には東京大学社会科学研究所の「SSJ データアーカイブ」（以下，SSJDA）などが設立された。近年では，立教大学社会情報教育センターの「社会調査データアーカイブ」（RUDA）のほか，自機関のデータや政府統計のミクロデータの公開を手掛けるところも増えてきた。各データアーカイブがそれぞれの特徴をもちながら運営に力を注いでおり，二次分析を行う環境はかなり整備されてきた（三輪・佐藤 2018；俵ほか 2021）。

　たとえば，SSJDA の利用状況をみると，SSJDA がスタートした1998年度には新規公開データ数は276，そのうち利用申請件数11，利用申請研究者数14，発表論文・著書数はわずか３本だった。しかし2020年度には，公開データセット数2287，年間の利用申請件数1220となり，授業などの利用を含めると利用者総数5129，発表論文・著書数は343へと増加した。発表論文・著書数に占める学位論文の数は1998年の１本から2020年には216本まで増加した（東京大学社会科学研究所 2021）。研究と教育の両面において，この20余年の間に着実に二次分析が浸透してきた様子がうかがえる。加えて，社会調査をとりまく昨今の厳しい状況により，二次データにもとづく研究の需要はますます高まっている。そこで以下では，二次分析の有用性と課題についてみていく。

二次分析のメリットとデメリット

　二次分析には多くのメリットがある（佐藤ほか 2000；稲葉 2000；三輪・佐藤 2018；石田・三輪 2019）。１つ目は，調査の実施にかかる時間的・費用的なコストを大幅に節約できることである。量的な社会調査にもとづく研究は，通常，

表11-1　一次分析と二次分析：研究プロセスの比較

一次分析	二次分析
(1)　研究の企画：問いの設定と仮説の構築	(1)　研究の企画：問いの設定と仮説の構築
(2)　調査の企画・実施・整理 　　企画：標本抽出と調査票作成 　　実施：データ収集 　　整理：クリーニング・コーディング	(2)　公開データの選定・入手
(3)　データ分析と論文執筆	(3)　データ分析と論文執筆（謝辞の明記）

出典：石田・三輪（2019）より作成。

「研究の企画」「調査の企画・実施・整理」「データ分析と論文執筆」の３つの
ステップからなる（表11-1）。このうち，最も手間のかかるのは「調査の企
画・実施・整理」だが，二次分析であればこの部分を「公開データの選定・入
手」に置きかえることができる。それによって浮いた手間と時間を「研究の企
画」や「データの分析と論文執筆」に割くことで，新たな知見や価値を引き出
すことが可能になる。

　2つ目は，地理的・時間的制約を超えた研究を行うのが比較的容易になるこ
とである。二次分析は，国際比較や時代による変化を捉えようとした場合にも
強みを発揮する。これらの調査を自分で実施しようとしても，国際比較調査の
実施には費用や人的ネットワークといった多くの研究資源を必要とするし，過
去に遡って調査することもできない。

　3つ目は，分析の際に推測統計を使用した分析が可能となることである。推
測統計とは，得られたサンプル（標本）から本当に知りたい集団（母集団）の特
徴を統計的な手続きによって知ることである。よく社会調査実習などの授業で
実施される調査は，協力が得られた場へ出向いて調査を行う集合調査などが多
く，厳密には母集団を特定できない場合がほとんどである。これに対し，二次
データは個人では実践不可能な大規模なものが多く，サンプルの代表性が担保
されたデータを比較的容易に使うことができる。

　4つ目は，類似した調査が減少することで調査対象者の負担を軽減し，研究
資源の有効活用が可能になることである。社会調査は，時として，調査対象者

の膨大な時間や労力を必要とする。回答の無理強い，安易なデータ分析や結果の開示による風評被害などの「調査公害」を引き起こす恐れなども指摘されているからである（斎藤 2020）。

　5つ目は，類似した調査が減少することで，調査の質の向上をもたらすことである。同じようなテーマに関する調査データはすでに存在するので，それと同等もしくはそれ以上の質のデータでない限り，新たに調査を行う必要はなくなる。データの質に関する評価もこれまで以上に厳しくなることが予想され，結果として調査の質が全体的に向上していく可能性がある。

　このほかにも，二次分析では，多くの研究者が同じデータを使って研究に取り組むため，結果の再検証や別の分析視角の提示，さらには研究者ごとに異なる仮説の検証などが可能となるなど，社会調査にもとづく研究を質・量ともに発展させる可能性がある。

　一方，「自分で調査を設計・実施していない」ことから生じるデメリットとして，①自分の研究関心にとって必要な変数やサンプル数が確保されたデータにアクセスできない，②調査方法や回収率などの調査データの特性についての理解が不充分になる，などの問題が指摘されている（三輪・佐藤 2018；石田・三輪 2019）。

　二次分析のデメリットを極力抑えつつ，そのメリットを最大限に生かした研究を行うためには，自分にとって「最適なデータ」を探し，入手することが必要となる。とはいえ，「自分で調査を設計・実施していない」のだから，いつも自分にぴったりのデータに出合えるとは限らない。そうした場合の対処法を知っておくことも，二次分析を行ううえで必要となる。そこで次節からは，データを探す際の手順やコツなどについて，東京大学社会科学研究所附属社会調査・データアーカイブ研究センターに設置された SSJDA に焦点を絞ってみていく。

2　二次分析をやってみよう

データを探す前に――問いの設定と仮説の構築

　量的なデータを分析する際に最も苦労するのが，自分自身の問題意識から問いを立て，仮説を設定し，それをデータを使って検証できるレベルまで具体化する――「変数」に落とし込む――作業である。最初に考えるべきは，自分はなにに関心があるのか，なにについて知りたいのか，なにを明らかにしたいのかという点である。この時点ではまだ漠然としたもので構わないので，自分の関心を少し掘り下げてみる。男性（夫）の家事や育児への関与に関心があるとしたら，夫の家事・育児のどのような点についてもっと知りたいと思っているのかを考えてみる。たとえば，「夫が家事や育児をしたほうが妻は Happy なはずだし，夫婦仲もよいのではないか」「いや，もしかしたら不慣れな夫に手を出されてかえってイライラするかもしれない」という具合である。あるいは，「どういう夫が家事や育児をするのか」という問題意識もあるだろう。その場合には，「子どもが多いとお父さんは家事や育児をせざるを得ないのではないか」「親と同居していると家事はしなくても済みそう」「家事をやりたくても，残業が多いと難しそう」という具合である。

　ここに挙げた問題意識は大きく2つに大別される。1つは「男性の家事・育児への関与」がなにに影響しているのか，もう1つは「男性の家事・育児への関与」に対してなにが影響しているのか，である。前者の場合，「男性の家事・育児への関与」という現象は，なにかほかの現象を説明する独立変数（もしくは説明変数）となる。これに対し後者の場合は，「男性の家事・育児への関与」という現象は，なにかほかの現象によって説明される従属変数（または被説明変数）となっている。先行研究の知見などを参考にしながら，自分の興味・関心を「問い」へと深め，それに対する「ありうべき答え」を探していく。それをさらに調査票で測定できるレベルにまで落とし込んだもの――変数化したもの――が作業仮説である。当初の問題意識から出発し，試行錯誤しながら

作業仮説までたどり着いたら，仮説を検証するためのデータ探しに出かけよう。

「最適なデータ」を探す——数多くの候補データから絞り込むための具体的手順

　ここからは，SSJDA でデータを探す手順をみていく。

Step 1——データを大まかにピックアップする

　SSJDA のトップページの「探す」をクリックするとデータ検索システムのページになる。まずは，「概要全文」や「調査名」のところに自分の関心のあるキーワードを入れて検索する。SSJDA から公開されているデータでは，第三者が個票データを分析する際に生じやすいミスをできるだけ小さくするために，調査の概要，調査対象，サンプルサイズ，調査時点，調査地域，標本抽出，調査方法，主要調査事項といった調査概要（「メタデータ」ともいう）を提供している。「概要全文」のキーワード検索をすると，調査概要に書かれた情報からデータがピックアップされる。

　たとえば，概要全文のキーワード検索で「家事」と入力すると154とかなりデータ数が多いが，「夫の家事」にすると12件，「男性の家事」だと 5 件となる。この場合，「夫の家事」と「男性の家事」ではピックアップされるデータの種類が異なるので，いろいろと検索ワードを工夫しながら検索してみるとよいだろう。すでに関心のあるデータがあって，寄託者名や調査名などがわかっていればそこから検索するとさらに効率よくデータ検索ができる。また，「トピック」として13分野が設定され，それぞれに代表的な複数のキーワードが挙げられている。うまくキーワード検索ができない場合には，この「トピック検索」が助けになる。

Step 2——調査概要を確認する

　候補となるデータの絞り込みがある程度済んだら，自分自身の研究にとって「最適なデータ」を選ぶために，前述した調査概要を確認する。特に，①仮説の検証に必要な変数が入っているか（主要調査事項），②扱いたい地域・時代に

おいて調査されているか（調査地域や調査時点），③調査対象者数や調べたい対象は確保されているか（サンプルサイズや調査対象）などに留意しながら，丁寧にみていく（三輪・佐藤 2018）。

　この作業を丁寧に行わずにデータ名だけでデータ申請してしまうと，いざ分析しようとする段になって，必要な変数が入っていない，全国調査だと思ったら首都圏だけを対象としていた，年代による差をみたかったのに若年層だけを対象にしていたなど，自分の関心に沿った分析ができないという状況になりかねない。

Step 3——調査票を確認する

　前述したように，基本仮説を実際のデータレベルまで落とし込み，より具体的にしたものが作業仮説である。この段階までくると，最終的に使用するデータを決めるためには，調査票をみて，質問文や回答選択肢を確認する作業が必要となる。

　一口に「家事」といっても，家事全般をまとめて聞く，「食事の用意」「食事のあとかたづけ」「ふろそうじ」「洗濯」などの項目別に聞く，家事と育児をまとめて「家事・育児」として聞くなど，さまざまな項目の立てかたがある。また，家事量の捉えかたについても，週当たりの日数や実際に携わった時間数などを尋ねるほか，妻と夫の分担割合を聞くなど，さまざまなバリエーションがある。

　自分で調査票を作成する場合には，先行研究に合わせて同様の調査項目を設定することが可能だが，二次分析の場合には既存の変数を使うことになる。このため，関心のあるデータの「調査概要」で家事項目があることを確認したら，データ利用申請前に必ず「調査票」を確認し，家事項目についてどのように聞かれているのかをみてから作業仮説を設定する。

Step 4—— 一次報告書や関連論文を参考にする

　「最適なデータ」を探す際に，そのデータを使った一次分析の報告書・論

文・書籍などの成果物を「お手本」にすることも有効な方法である（稲葉
2000）。報告書などは，当該データ（一次データ）に携わり，そのデータの特徴
をよく知っている研究者がデータの特徴を記述分析などで丹念に追っているも
のが多く，データの特徴や傾向を知るのに役立つ。また，先行研究の欠点を修
正し，より効果的な分析方法を用いる工夫をするなど，新たな視点からデータ
を見直し，さらに興味深い知見を得るためのヒントを得られる場合もある。
SSJDA から提供されたデータを用いて発表された成果は，「成果物検索」画面
から調べることができるので，申請データの検討や論文執筆の際に参考にして
ほしい。

データの入手から利用終了までの流れ

　使いたいデータが決まったら，いよいよデータの利用申請となる。SSJDA
ではすべての利用申請をオンラインで受け付けているので，初めてデータを申
請する際には SSJDA Direct（オンラインデータ申請・ダウンロードシステム）に登
録し，ID とパスワードの取得が必要となる。登録は無料で，ID は最終ログイ
ンから 2 年間有効である。詳細はマニュアルを参考にしてほしい（https:
//csrda.iss.u-tokyo.ac.jp/pdf/SSJDADirectmanualJ.pdf）。

　大学院生や学部生が二次データを使う際には以下の点に注意してほしい。ま
ず大学院生の場合には，データの利用申請をすると，登録した教育指導員（指
導教員）にメールが送られてくる。教育指導員が SSJDA Direct にログインし
て「承認」をして初めて SSJDA に正式な申請が届くので，SSJDA Direct に
登録する際には教育指導員に関する記入欄にも必ず入力しておく。学部生の場
合には，教員による教育目的利用申請を通じてのみデータ利用が可能となる。
利用したいデータがある場合は，教員を通じてデータを申請し，その教員の指
導の下でデータを利用することになる。その場合も，SSJDA の利用誓約事項
の遵守が求められる。

　二次データは，さまざまな研究機関・組織，研究者個人が多大な研究資源を
用いて実施した調査のデータを学術研究のために無償で提供したものである。

二次分析が寄託者・データアーカイブ・利用者の三者の信頼関係のうえに成り立っていることを踏まえ，データを利用して論文の発表や口頭報告を行う場合には，寄託者とデータアーカイブの名前を謝辞（付記）として明記することも忘れないでほしい。

　なお，SSJDA では，二次データの寄託・公開というデータアーカイブ事業以外に，公開データの共同利用を目的とした「二次分析研究会」や分析手法の取得を目的とした「計量分析セミナー」などの活動も行っている。どちらもSSJDA に寄託された二次データを使用し，二次分析の意義や必要性への理解を醸成しながら，実際のデータを用いた研究や論文の執筆を促し，学術研究と教育の双方に貢献することを目的としている。二次分析をうまく使って研究を進めていくためには，こうした機会を活用しながら二次分析を使いこなすノウハウを身につけ，二次分析に慣れていくことも有効な方法である。

二次分析をするうえで生じやすい問題

自分にぴったりの変数がみつからない

　二次分析にあたって，データの中身をよく確認し，研究に役立つかどうかを判断することはとても重要だが，一次分析とは異なり，データが自分の研究関心に100％マッチするとは限らない。最も頻繁に遭遇するのが，「自分が探している変数がみつからない」という問題であり，二次分析を行う際に避けて通れない問題である。筆者もこれまで二次データを分析するなかで，何度かそういう場面に遭遇し，代わりになる変数を探すなどの対応を行ってきた。1つはできるだけ類似した変数を探すこと，もう1つは，眼前にあるデータのよさをできるだけ活かせるように当初の研究関心を少し変更するなどである。第3節に詳細を記しておくので，参考にしてほしい。

調査項目が変わった／質問文や回答選択肢の文言が変わった

　量的調査において，横断調査（クロスセクション調査）は「調査の基本」であり，ある1時点において，対象者にさまざまな質問項目を行う調査のことを指

す。写真にたとえると，1時点のスナップショットのようなものである。これ
に対し，基本的に同じ調査デザイン——同じような規模，調査方法，調査項目
など——で複数時点にわたって行う調査として，反復横断調査やパネル調査
（縦断調査）がある。反復横断調査は調査ごとに対象者が異なるのに対し，パネ
ル調査は同一個人に繰り返し調査を行うことから，反復横断調査では「時代の
変化」を，パネル調査では「個人の変化」を捉えることが可能となる。こうし
た長期にわたる調査を個人的に行うことは費用面・時間面からも困難であるこ
とから，まさに二次分析を利用するメリットといえるだろう。

　その一方で，長期的スパンで設計された調査であるゆえに，二次分析を行う
際に遭遇しやすい問題もある。たとえば，いざ複数回実施された調査データを
用いて分析しようとした際に，調査項目が追加もしくは削除されていたり，質
問文や回答選択肢の文言が変更されているなど，同一項目で分析することがで
きないという問題が生じる場合がある。

　筆者は，「全国家族調査」（以下，NFRJ）[1]の3時点の反復横断データ（NFRJ
98, NFRJ03, NFRJ08）を用いて分析した際に，親との居住距離や家事に関する質
問項目でこうした事態に遭遇した（鈴木 2016）。親との居住距離について，3
時点の調査ごとに尋ねかたが若干異なっており，そのまま使うことはできな
かった（表11-2）。ただし，親との居住距離は筆者の研究課題に不可欠な変数
だったことから，変数間で一貫性が取れるようまとめ直し，「同居」や「同近
居」を示す変数を新たに作成した。また家事項目についても，NFRJ03と
NFRJ08では5項目の家事（「食事の用意」「食事のあとかたづけ」「買い物」「そう
じ」「洗濯」）について尋ねているが，NFRJ98ではこのうちの2項目（「食事の
用意」「洗濯」）のみの質問であった。夫の家事項目を3時点で揃えるために，
NFRJ03とNFRJ08においても夫の家事項目をこの2項目に絞り，1990年代後
半から2000年代前半にかけての10年間の家族の変化を捉えようと考えた。

　NFRJは基本的には同じ調査デザインで設計されてきたが，一方では，調査
ごとに既存の調査項目の検討や修正，時代の要請に合わせた新規項目の追加な
どの刷新を行い，調査の質の維持と向上を図っている。調査における時間軸が

表 11 - 2　NFRJ の 3 時点における「親との居住距離」の尋ねかたの比較

NFRJ98	NFRJ03	NFRJ08
1　自分と同居している	1　自分と同じ家屋	1　同じ建物内（玄関も同じ）
2　となり・同じ敷地内	2　同じ敷地内のはなれ・別棟	2　同じ建物内（玄関は別）
3　歩いていけるところ	3　となり	3　同じ敷地内の別棟
4　片道1時間未満のところ	4　歩いていけるところ	4　15分未満
5　片道3時間未満のところ	5　片道1時間未満のところ	5　15分〜30分未満
6　片道3時間以上のところ	6　片道3時間未満のところ	6　30分〜60分未満
	7　片道3時間以上のところ	7　1時間〜3時間未満
		8　3時間以上

出典：NFRJ の各質問紙より筆者作成。

長くなるほど，そのメリットとデメリットの間をうまく調整しながらデータの
もつ強みを活かす工夫が必要となる。

3　研究事例の紹介

　ここからは，二次データを用いた具体的な研究事例をみていく。

事例 1 ——反復横断データを利用するときに遭遇しやすい問題への対処例

　最初の事例は，NFRJ の 3 時点の反復横断データ（NFRJ98, NFRJ03, NFRJ
08）を用いた研究である（鈴木 2016）。筆者はワーク・ライフ・バランスに関
心があり，仕事と家庭という複数のシステム間の関連を考えるのに有効な方法
とされ，1990年代以降に実証研究が積み重ねられてきたストレス論アプローチ
をしばしば分析枠組みとして援用してきた。

　ストレス論アプローチとは，人々の主観的経験——特に負の主観的経験——
に寄り添いながら，それを個人的な問題ではなく，社会の問題として捉え直
すという志向性をもつ。その中心的な概念がディストレスやストレッサーであ
る。ディストレスが個人が経験する不快な心理的状態のことを指し，主に従属
変数として用いられる指標であるのに対し，ストレッサーはディストレスを生
み出す可能性をもった環境的要因とされ，その代表的なものが役割ストレーン

である。役割ストレーンは人が社会的役割に従事する際に経験する困難や葛藤などを指すことから，ストレス論アプローチは複数のシステム間の関連を考えるのに有効とされる。役割ストレーンはディストレスを発生させる可能性があるという点では独立変数として扱われる一方，ディストレスに代わる個人の役割経験上の指標として従属変数として扱われる場面も多い（稲葉 2004）。

　筆者が特に関心をもったのは，「男性の家事・育児への関与」と役割ストレーンを示す「妻の家庭生活の負担感」との関連である。先行研究からは，夫のサポートのうち妻の負担感に効果があったのは夫の情緒的サポートのみで，夫の家事・育児への関与などの実質的なサポートとはほとんど関連がみられなかったからである。ただし，こうした知見のベースとなる調査が行われたのは1990年代のことである。その後に世界的不況や非正規雇用化が進展する一方，2000年代に入るとワーク・ライフ・バランスの概念も浸透し始めるなど，正規雇用者だけでなく，非正規雇用者の女性たちをとりまく状況も変わりつつあるのではないかと考えた。

　幸い NFRJ の 3 時点の調査時期をみると，NFRJ98 は就業をめぐる変化のスタート時点，NFRJ03 はワーク・ライフ・バランスの概念が浸透し始めた時点など，就業や家族が変化してきたポイントと重なる。NFRJ の 3 時点の調査は1990年代末から2000年代最初の10年間の変化を捉える格好のデータとなるのではないかと考え，NFRJ98，NFRJ03，NFRJ08の 3 時点の反復横断データを用いて時代の変化を捉えようと試みた。

　無作為抽出によって定期的に実施された全国規模の調査データを利用し，時代の趨勢を把握する試みは，二次データを利用することの大きなメリットの 1 つである。こうした反復横断データという調査デザインをもつデータは，NFRJ 以外にもさまざまな研究分野の調査が SSJDA から公開されている。1 時点の横断調査でその時代の「スナップショット」を切り取ることができたら，反復横断調査にチャレンジすることで時点間比較を行い，自分の問題関心に時代の変化という時間軸を取り入れ，研究の幅を広げていくことも可能である。調査における時間軸が長くなることから生じるメリットとデメリットをうまく

調整しつつ，二次データを有効に使ってほしい。

事例2 ——「ぴったりの変数がみつからない」ときの対処例

次は，「自分にぴったりの変数がみつからない」ときの対処法を紹介する。

類似した変数を探す

1つは，想定していた変数にできるだけ近いものを二次データの中から探して使用した事例である（鈴木 2007, 2010）。これらの研究もストレス論アプローチを援用したものである。前述したように，このアプローチは複数のシステム間の関連を考える際に有効であり，仕事と家庭の両立問題を中心に研究成果をあげてきたことから，NFRJ では当初から，ディストレスを測る CESD 尺度や，ディストレスに影響を与える環境要因であるストレーンなどの基本的な概念が調査票に組み込まれてきた。ただし，ストレス論アプローチが日本に紹介されたのは90年代に入ってからだったこともあり，「生活満足度」などの変数に比べると，項目として用いている調査は決して多いとはいえない。

そこで筆者は，ディストレスと似たような概念の変数を探し，分析を行った。たとえば，鈴木（2007）では，「夫と一緒にいるとイライラすることがある」（妻のイライラ感）がディストレスと同じく個人の主観的状況を「負の側面」から捉えていると解釈し，ディストレスの代わりに用いている。一方，鈴木（2010）では，「生活満足度」をディストレスとは逆の方向——個人の主観的状況を「正の側面」——から捉えるものとみなして分析に用いている[2]。いずれの場合にも，「データの制約による代替変数の使用」であることはきちんと明記すべきであることは言うまでもない。

問題意識をデータに寄せる——当該二次データのもつ強みを活かす

もう1つは，二次データのもつ強みを活かすよう，自分が当初立てていた問題関心を少しデータに寄せて変更した事例である（鈴木 2011）。一般的に夫の家事や育児への関与について尋ねる際には，「家事」と「育児」を分けて遂行

量のデータが取られることが多い。筆者も当初は「夫の家事時間」と「夫の育児時間」のどちらが妻の満足度と関連するのかを分析する予定だったが，使用することになったデータでは，家事と育児をまとめて「家事・育児時間」として尋ねていたため，想定していた分析ができなかった。代わりにそのデータでは「家事・育児時間」を「平日」と「休日」に分けて尋ねていたことから，この変数に注目することで，家事や育児を「遂行量」として捉えるのではなく，それらのもつ「質的な特質」に着目した研究ができるのではないかと考えた。

　ホックシールドは『セカンド・シフト』（Hochschild 1989＝1990）において，1組の共働き夫婦が家事分担をめぐる葛藤の末にたどりついた分担の基準を，「階段の上と下」と象徴的に名づけている。妻が担当する階上には居間，ダイニングルーム，台所などがあるのに対し，夫が担当する階下にあるのはガレージ，物置，夫の趣味のコーナーという具合である。また永井（1992）は家事を「繰延不可能家事」と「繰延可能家事」に分け，それぞれの家事に関する妻と夫の遂行状況の規定要因を検討している。

　ホックシールドや永井が見出した「階段の上と下」や「繰延不可能か繰延可能か」という家事の質的な特質は，夫が家事や育児をいつ行うのか（平日か休日か）によっても表しうるのではないか。平日の家事・育児の多くが「繰延不可能」であるとすれば，休日の家事・育児は「繰延可能」とみなせるのではないか。もし「平日の家事・育児」と「休日の家事・育児」の意味するものが異なるのであれば，妻の満足度に与える影響も妻の就業状況——正社員，パート，専業主婦など——によっても異なってくるのではないか。こう考えた。そこで，データの強みを活かして夫の家事や育児への関与を質的な側面から検討できるよう，当初の問題意識を変更した。

　分析では，平日と休日の夫の「家事・育児時間」から3つの夫の関与パターン「全日型」（平日・休日ともに関与），「休日型」（休日のみ関与），「無関与型」（平日・休日ともに関与せず）を作成して妻の主観的意識との関連を検討し，妻の就業形態によって夫が「平日」に家事・育児に関与することの意味合いが異なることなどを明らかにしている。

　このように，使用予定の二次データに自分の関心とぴったりと重なる変数がなくても，試行錯誤を繰り返しながら手持ちのカード（変数）を用いて面白そうな分析結果を掘りあてていくことも，二次分析を行う醍醐味の1つである。

　以上，自分の問題意識やテーマに沿った二次データの探しかた，二次データを用いた研究事例などを紹介してきた。二次分析を行う機会は，じつは自分の関心にもとづいてデータを探す場合以外にも意外と多い。たとえば，授業で二次データを使って分析をする際には担当教員がデータを申請するため，ほとんどの場合，学生には選択の余地がない。また，前述した SSJDA で開催する二次分析研究会に参加する場合にも，その年のテーマとともに使用するデータが指定されていることが多い。まず二次データありきで，そこから自分の関心に沿って使えそうな変数を探すことになる。さらに，二次データに限らず，大きな調査研究プロジェクトのメンバーとなって分析をする際も同様である。いずれは自分で作成した変数を調査票に採用してもらって分析することも可能となるが，途中から参入した場合には，すでにあるデータと変数を使わなければならない。こうした場合，そうした制限のあるデータからどれだけ面白い分析ができるかが，二次分析の腕の見せ所ということになる。
　二次データを上手に利用できるようになれば，自分が使えるデータの範囲も増え，研究の幅を広げていくことにもつながる。二次データを有効に活用し，データ分析の楽しさを味わってほしい。

╭─ 文献案内 📖✑ ─────────────────────────

①稲葉昭英・保田時男・田渕六郎・田中重人編，2016，『日本の家族 1999-2009
　　──全国家族調査［NFRJ］による計量社会学』東京大学出版会。
　　本書は，NFRJ08 を中心に，NFRJ98 や NFRJ03 などを併用しながら，1999年
　　から2009年前後の10年間における日本の家族の状況について分析した論文集で
　　ある。NFRJ はデータの公開・共同利用を目的としていることから，二次分析
　　の事例集としても参考となる。
②三輪哲・林雄亮，2014，『SPSS による応用多変量解析』オーム社。

本書は，SPSSを用いて調査や実験データの計量分析を行うための手法について，多変量解析を中心に解説している。分析手法の習得に加え，仮説の設定やデータへのアクセス，分析結果のまとめかたも網羅しているため，二次分析の手引書としても利用できる。

③稲葉昭英，2017，「家族研究と二次分析」藤崎宏子・池岡義孝編著『現代日本の家族社会学を問う』ミネルヴァ書房，173-190。

本書は，家族研究における二次分析について，公開データを利用した研究の出現頻度や引用率などを手がかりに，現状と問題点，今後の課題を指摘している。二次分析という研究方法を得たことを，今後の研究にどのように活かし，発展させていくのかを真摯に問うている。

注

(1)　NFRJは，日本家族社会学会全国家族調査委員会が中心となって実施している全国規模の確率標本による家族調査で，2回の予備調査（1997年実施）を経て，これまでにNFRJ98，NFRJ03，NFRJ08，NFRJ16の4回の横断調査が実施されてきた。いずれも基本的な調査デザインを維持・踏襲することで，日本家族の趨勢を把握することが可能な反復横断データとなっている。

(2)　この点について稲葉（2004）は，ディストレスで測定された結果とwell-beingなどを用いて主観的な状態を正の側面から測定した結果（を逆転したもの）は，必ずしも一致しないことを指摘している。その理由として，回答する際に，ディストレスのほうが「社会的望ましさの反映」が少ないという測定論上の理由を挙げている。

文献

Hochschild, Arlie Russell with Anne Machung, 1989, *The Second Shift : Working Parents and the Revolution at Home*, New York : Viking Penguin.（田中和子訳，1990，『セカンド・シフト——アメリカ共働き革命のいま』朝日新聞社。）

稲葉昭英，2000，「公開データ利用型の調査教育の勧め」佐藤博樹・石田浩・池田謙一編『社会調査の公開データ——2次分析への招待』東京大学出版会，35-50。

稲葉昭英，2004，「ストレス研究の諸概念」石原邦雄『家族のストレスとサポート』放送大学教育振興会，46-71。

石田浩・三輪哲，2019，「二次分析道場」東京大学社会科学研究所計量分析セミナー

　　資料，東京大学社会科学研究所，2019年9月3-4日開催。

三輪哲・佐藤香，2018，「データアーカイブの教育研究への活用——世界的動向をふ
　　まえて」『教育学研究』85(2)：70-79。

永井暁子，1992，「共働き夫婦の家事遂行」『家族社会学研究』4：67-77。

斎藤圭介，2020，「視点　社会を語る——第11回社会調査とプライバシーの微妙なバ
　　ランス」『日本原子力学会誌』62(10)：66。

佐藤博樹・石田浩・池田謙一，2000，「序」佐藤博樹・石田浩・池田謙一編『社会調
　　査の公開データ——2次分析への招待』東京大学出版会，1-5。

鈴木富美子，2007，「妻からみた夫婦関係・夫からみた夫婦関係——『夫からの情緒
　　的サポート』と『妻の苛立ち』による夫婦類型の計量的分析」『家族社会学研究』
　　19(2)：58-70。

鈴木富美子，2010，「既婚パート女性のワーク・ライフ・バランス——多様性に配慮
　　した支援策のために」『雇用システムの現状と課題』二次分析研究会 SSJDA リ
　　サーチペーパーシリーズ No.44，41-61。

鈴木富美子，2011，「休日における夫の家事・育児への関与は平日の『埋め合わせ』
　　になるのか——妻の就業形態，ライフステージ，生活時間に着目して」『季刊家
　　計経済研究』92：46-58。

鈴木富美子，2016，「育児期のワーク・ライフ・バランス」稲葉昭英・保田時男・田
　　渕六郎・田中重人編著『日本の家族1999-2009——全国家族調査（NFRJ）による
　　計量社会学的研究』東京大学出版会，187-202。

俵希寶・杉野勇・平沢和志，2021，「調査倫理とデータの管理」轟亮・杉野勇・平沢
　　和司編『入門・社会調査法［第4版］』法律文化社，198-210。

東京大学社会科学研究所，2021，『年報 No.58』（https://jww.iss.u-tokyo.ac.jp/report/
　　pdf/58/58.pdf）。

東京大学社会科学研究所附属社会調査・データアーカイブ研究センター，2019，
　　「User's Guide SSJDA Direct」（https://csrda.iss.u-tokyo.ac.jp/pdf/SSJDADirect
　　manualJ.pdf）。

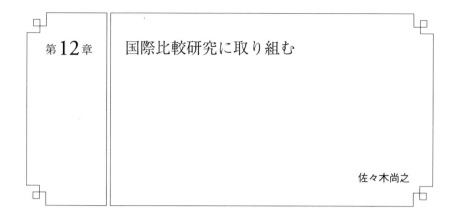

佐々木尚之

1　国際比較研究とはなにか

国際比較研究の隆盛

　一昔前と比べると，国際比較研究を遂行するハードルが随分と低くなった。その要因として，各国における大規模社会調査の蓄積が進んだこと，それぞれの調査に国際比較を意識した項目が多く取り入れられるようになったこと，オープンサイエンスの考えかたにもとづいて調査概要ならびに調査データが広く共有されるようになったことなどが挙げられる。国際比較研究を行う土壌が整いつつあるなかで，他国のデータを用いた実証分析を学会誌などで目にする機会が以前にも増して多くなったと実感する読者も多いのではないだろうか。

　国際比較研究を行うためには，かつてであれば，自分自身で研究資金を集め，個人的なつながりのある他国の研究者（もしくは調査会社）と協力しつつ，2ヶ国（多くても数ヶ国）で調査を行うことが一般的であった。そのため，数年かけてようやく分析できる状況になったとしても，研究成果を発表できるような分析結果にならないこともあり得た。学部生や大学院生が自力で国際比較調査を実施することを否定するわけではないものの，時間や資源の制約およびデータの質の担保を考慮すると，公開データを利用することが現実的な選択となるだろう。したがって，本章では公開データを利用した国際比較研究に焦点をし

ぼって解説する。

国際比較研究の意義

　なぜ，かつてよりも国際比較研究が重要視されるようになってきたのだろう
か。国際比較研究に求められる役割として次の３つが挙げられる。第１に，理
論の一般化の可否を判断することである。社会学に限らず，科学的知識の多く
は欧米を中心に蓄積され，学問としての体系化の過程でも西洋文化の影響を大
きく受けながら発展してきた。こうした背景から，教科書で紹介されているよ
うな既存の理論の大部分は西洋文化の観点から導かれたものである。必然的に，
それらの理論を検証する際に用いられた変数の操作的定義や測定も文化的なバ
イアスを含んだものとなっている。たとえば，Guilford and Martin（1943）が
開発した性格目録では，男性性を測定する項目として「実弾が入っている銃を
扱うのは気が気ではない」が含まれているが，現代日本社会における男性性と
はかけ離れているのは明らかだろう。さらに西洋では，研究者は往々にして中
高年の比較的裕福な白人男性であることが多かったため，文化のみならずジェ
ンダーや年齢，人種，階層などによる視角の偏りも内包している。したがって，
国際比較研究を通して，これまで西洋文化において提唱されてきた理論が他の
文脈にも当てはまるかどうかを検証することが可能となる。
　第２に，社会的課題に対する解決策の糸口となることである。今日の社会学
では，環境，教育，労働，貧困，階層，家族，ジェンダー，移民などきわめて
多岐にわたる社会現象を研究対象とし，それらの問題がいかにして表出し，個
人や社会にどのような影響を及ぼすのかを解明することを目的としている。明
示的ではなくとも，その根底には人々の生活がより豊かになり，社会がよりよ
い方向に向かうことへの期待が込められている。しかしながら，これらの社会
的課題に対するアプローチは各国で異なっており，さまざまなかたちで政策や
制度に反映されている。国民の財政負担が大きいながらも普遍主義的に社会保
障を充実させて社会の平等化を目指したり，公共サービスに市場原理を取り入
れ，必要に応じて個人がより適したサービスを選択できる自由を保障したりと，

それぞれの国の歴史的背景にもとづいて政策や制度が形作られてきた。こうした社会的課題への方策の違いに着目して国際比較研究をすることは，効果的な政策や制度を考察することにつながる。

　第3に，国際比較をして初めて自国の特徴をつかむことができる。比較対象がない場合，現状が常識として固定化されてしまう恐れがある。たとえば，家事や育児を女性のみが担っている社会にいると，それが当然視されてしまい，当事者であっても現状に問題意識を感じにくくなってしまう。家事育児の頻度，学歴，雇用形態，賃金，管理職比率などを他国と比較することにより，自国の相対的な位置が明確となり，他国との相違点や類似点がみえてくる。他国の水準に合わせることが是というわけではなく，どのような背景で他国との水準に乖離が生じているのか，その乖離は個人や社会にどのような影響を及ぼしているのか，その乖離を今後さらに大きくすべきなのか小さくすべきなのかを比較検討することが重要となる。

国際比較研究の落とし穴

　国際比較研究の有益性を聞くと，ぜひ自分もやってみようと意気込む読者も多いかもしれない。しかしながら，誤った手法で国際比較研究を進めてしまうと大きな失敗をしかねない。たちが悪いことに，不適切な手法により得られた誤った結果が独り歩きし，偏見やステレオタイプを助長してしまったり，効果的ではない政策や制度の推進につながってしまう危険性を伴う。特に公開データを利用する際には，自分自身で調査をしていないため慎重な作業が必要である。ここでは，国際比較データを利用する際の注意点について整理する。

　はじめに，利用しようとしているデータが各国の母集団を代表するサンプルとなっているかを確認してほしい。標本調査の公開データであれば，サンプルの代表性については必ず公表している。もしサンプリングを含む調査設計や回収率についての情報開示が不充分な場合は，そのデータの信頼性は低いとみなしてよいだろう。なにか明確な基準があるわけではないものの，性別，年齢の範囲，仕事の有無，配偶者や子どもの有無などサンプルを限定して分析するこ

とが多いことからも，各国1000ケース以上あることが望ましい。

　サンプリングの手法や調査方法（面接法，留置法，郵送法，オンライン法など）も本来ならば統一されていたほうが好ましいが，住民リストの有無，人口密度，社会インフラ，国民性，調査予算，各国調査主体の体制などさまざまな要因から別々の手法で代表データが作成されていることが多い。ただ，調査地域に適したサンプリングや調査手法を採用したほうがデータの質が上がるとも指摘されており（Heath et al. 2005），既存の国際比較調査では，現実的な理由から各国で異なる手法が用いられているのが実情である。

　国際比較研究をするにあたり，最も注意すべき点の1つが測定の等価性であろう。心理測定のように，ある概念を潜在変数とみなし，複数の顕在変数と測定誤差を考慮したうえで計測する場合は，測定の等価性について確認する方法が古くから提唱されている（Meredith 1993）。既存の国際比較調査で実際に尋ねた設問の等価性を検証すると，必ずしも同じ概念を測定しているとは限らないことは繰り返し指摘されている（Kuha and Moustaki 2015；Medina et al. 2009）。したがって，予備分析として事前に測定の等価性について検討することが肝要である。

　とりわけ複数の言語を用いて調査を行っている場合には，測定の等価性を確認する作業がさらに複雑になることは容易に想像がつくだろう。多くの国際比較調査において，調査票のバックトランスレーション（逆翻訳）を行っているものの，その作業自体は測定の等価性を担保するものではない。言語的にきわめて類似する概念であったとしても，その言葉のもつ意味合いが政治体制や教育制度など社会文化的システムの文脈によって大きく異なることが充分あり得るからである。たとえば教育年数は，言語的・時空的な定義においては共通するものさしで測定されており，いずれの調査国においても年月の進行速度は同一とみなせる。しかしながら，同じ12年間の教育年数であっても，その意味合いは調査国によって大きく異なる。ドイツのハウプトシューレやフランスの職業リセのような職業訓練を目的とする学校と高等教育への進学を目的とする学校では，その後の地位達成に対する影響の度合いに差があることが予想できる。

つまり，値そのものがもつ意味に普遍性があったとしても，比較可能でない場合があることも念頭に置きつつ分析を進めなければならない。[1]

　同様に，自由記述のテキストデータをもとにコーディングされることの多い職業も注意が必要な変数である。現在，国際比較調査で広く採用されている国際標準職業分類（International Standard Classification on Occupation：ISCO）第4版では，従業上の地位，役職，企業規模などの職業に関する複数の回答を総合的に勘案し，数値に変換されている。[2]この分類をもとに回答者の社会的地位，階級，社会経済指標などの推定が可能となるものの，それぞれの職業の地位は（教育年数と同じように）当然ながら文脈によって異なる。同じ職業であっても，ある国では社会的評価が高く，別の国では忌避されることもある。

　これらの問題に加えて，測定の等価性に影響する，表面化しにくい回答バイアスにも気を配る必要がある。代表的なものとして，選択肢の中心付近（midpoint response），極値（extreme response），肯定的な選択肢への黙従（acquiescence）など，社会的望ましさや回答に費やす認知的資源の最小限化に伴う回答の偏りが指摘されている（Krosnick 1991）。ただし，これらの回答バイアスについては，各国データの分布を目視することにより，ある程度見極めることができる。悩ましいことに，表面的に公開データをみただけでは気づかないような，比較可能性を妨げかねない回答バイアスも存在する。多くの場合，調査設計に起因するものの，データ利用者がこれらの回答バイアスを察知することは非常に困難である。

　ここでは，意に反して回答バイアスが生じてしまった実例を紹介する。国際比較調査を設計するにあたり，調査主体は可能な限り回答バイアスが生じないよう検討を重ねる。選択肢の数，スケールの対称性，回答ラベルなどは，その最たる例であり，細心の注意を払い作成されている（岩井 2001；Behr and Shishido 2016）。それにもかかわらず，回答バイアスが表出してしまうことがある。社会科学の分野において最も利用者の多い国際比較調査の1つである国際社会調査プログラム（International Social Survey Programme：ISSP）では，意識項目を5点尺度で尋ねている。英語の調査票では，「Strongly agree」「Agree」

「Neither agree nor disagree」「Disagree」「Strongly disagree」であるが，日本の調査では「そう思う」「どちらかといえばそう思う」「どちらともいえない」「どちらかといえばそう思わない」「そう思わない」というラベルが使用されている。日本の調査において，強い賛否の程度を示す副詞を使わなかったのは，日本人回答者が極値を回避する傾向にあることにもとづく，回答を分散させるための判断だと推察される。しかしながら，回答バイアスを和らげるためのこの処置が結果に大きな影響を与えている。

　たとえば2012年の調査では，「男性の仕事は収入を得ること，女性の仕事は家庭と家族の面倒をみることだ」との意見について，上記の5点尺度で40ヶ国のサンプルに尋ねている。国別に「Strongly disagree」と回答した割合を確認すると，72.7％のデンマークを筆頭に北欧諸国がならび，日本はフィンランドと同率の36.9％で性別役割分業を強く否定している人の比率が6番目に高い国といえる。この結果のみに注目すると，日本人のジェンダー平等意識はかなり進んでいる印象を受ける。一方で，同調査で末子が未就学年齢の際の女性の望ましい働きかたについての意見を「フルタイム」「パートタイム」「家にいる」の3カテゴリーから1つのみ選択する設問では，固定的な性別役割分業を意味する「家にいる」を選択した日本人は68.7％と調査国のなかで最も高い。2番目のポーランドに10％近い差をつけており，母親が家庭で幼少期の育児をすべきだという規範意識が他国と比べて非常に高い。

　この2変数の回答比率を散布図に示したものが図12-1である。男女の性役割分業を強く否定する回答者の割合が高いほど，子育て中の女性は「家にいる」ことが望ましいと回答する割合が低いという明確な負の相関があるものの，日本はその傾向から大きく外れている。この例からも表面的には判別困難な回答バイアスがあることを前提として分析を進めなければならないことがわかる。

　国際比較データの利用者にとって，回答バイアスの有無の見極めが最も困難なものは，キャリーオーバーの影響だろう。日本版総合的社会調査（Japanese General Social Survey：JGSS）では，2000年から2021年まで13回にわたり調査を行っている。就業や生計の実態，世帯構成，消費行動，規範意識など多岐にわ

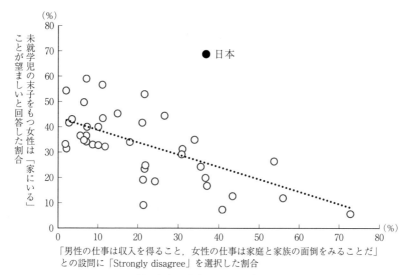

図 **12 - 1**　性別役割分業意識に関する 2 変数間の関連

出典：International Social Survey Programme 2012 データより作成。

たる項目が継続して尋ねられており，日本人の意識と行動の変遷を分析することができる。リーマンショックや東日本大震災のような調査時点での突発的な出来事の影響および，調査対象の世代が徐々に入れ替わることによる緩やかな変化が確認できることもあるものの，多くの項目では，数％の誤差の範囲内で一定した結果となる。主観的幸福感も毎回 5 点尺度で調査票に組み込まれており，これまでの調査で大きな変動のない比較的安定した項目の 1 つである。しかしながら，回答分布を詳細にみてみると，別の様相を呈する。具体的には，5 段階の選択肢のうち，「 1 ：幸せ」を選択した割合は，調査期間を通して30 ± 4 ％程度で推移していたものの，第 1 回調査から第 5 回調査までは概ね20％台後半で，第 6 回調査以降は30％台前半となる規則性がある。唯一その傾向から外れるのが2017から2018年にかけて実施した第11回調査で，23.9％と前回調査より 9 ％ほど低下した後，2021年の第12回調査では33.8％と元の水準に戻った。

　この原因はキャリーオーバーにあると考えられる。第 5 回調査までは調査票

の後半部分で尋ねられており，第6回調査以降は調査票の序盤の居住地域，余暇，友人関係など日常生活における満足度を尋ねた直後に尋ねている。しかしながら，第11回調査では，レイアウト上の問題で，経済的不安感，政治意識，信頼感などを尋ねたあとに移動した。その結果，第11回調査で「1：幸せ」を選択する割合が減少したと思われる。東日本大震災の10ヶ月後に実施した第9回調査や新型コロナウイルスの感染拡大による緊急事態宣言中に実施した第12回調査においても主観的幸福感に大きな変動は認められず，第11回調査時点の回答傾向に影響を及ぼした環境要因があったとは考えにくい。仮に第11回調査の主観的幸福感を国際比較研究で用いた場合，日本人の結果は本来よりも低い水準となってしまうだろう。

　国際比較調査の公開データを利用するにあたり，ここで紹介したような回答バイアスを事前に検知することは，ほぼ不可能に近い。各国で利用された調査票すべてを確認することは現実的ではないためである。しかしながら，地道に研究のプロセスを遵守することにより，誤認をある程度回避することは可能である。次節では，国際比較研究を行ううえで，特に留意すべき研究手順について解説する。

2　国際比較研究の手順
―どこからどのように手をつけていくのか―

仮説設定の重要性

　本書の第Ⅲ部では，量的データの研究の進めかたについて取り上げてきたが，国際比較だからといって他の量的研究と大きく変わるということはない。しかしながら，量的データを用いて国際比較研究を始める際には，特に研究手順の鉄則を厳守する必要がある。具体的には，研究テーマの選定→仮説設定→データ分析といった演繹的アプローチの基本的な順番を崩すべきではない。なぜなら，疑わしい研究慣行（Questionable Research Practices：QRP）の1つであるHARKing（Hypothesizing After the Results are Known）（Kerr 1998）につながる恐

れがあるからである。

　国際比較調査の公開データには膨大な数の変数があり，なおかつサンプルサイズが大きいため，闇雲に統計的検定を繰り返すとなんらかの統計的有意さは必然的に生じる。したがって，データをさわる前に結果を予測することが肝要である。事前に研究テーマや仮説を設定することなくデータ分析し，自分に都合のよい結果だけを取捨選択（p-hacking）したうえで，あたかも事前に仮説を設定していたかのように提示することは重大な研究倫理違反である。もちろん国際比較研究においても，実態が定かではない事象や見過ごされてきた事象に着目して，現状を探索的に把握しつつ帰納的に一般法則を導き出すことが有益な場合もあることに変わりはない。一方で，公開データを利用する場合は，前節で紹介したような思わぬ落とし穴にはまることを防ぐためにも，あらかじめ仮説を立ててからデータをさわるべきである。もし仮説と異なる結果になった場合には，調査設計上の回答バイアスやキャリーオーバーなどを念頭に置きながら注意深く調査票を確認すればよい。そうすることにより，本来は偶然の結果にもかかわらず誤って帰無仮説を棄却してしまう，第1種の過誤を犯すリスクを低減することができる。

　仮説を設定するには，当然のことながら研究テーマを絞り込む必要がある。意欲の高い学生ほど，よりよい論文にすることに熱が入ってしまい，ついつい大風呂敷を広げてしまいがちである。意義深く新奇な研究を追求するあまり，「人生に宗教は必要か」「どうすれば幸せになれるのか」「なぜデマは広がるのか」といったようなインパクトの強い問いを立てる傾向にある。このような問いは，研究者が人生をかけて何十年にもわたり取り組む広大な野望なので，まずはいったん深呼吸をして，実現可能性を重視した具体的かつ簡潔な問い立てを心掛けてほしい。とりわけ時間が限られたなかで国際比較研究をするとなると，理路整然とした結果を出すことを急いでしまい，HARKing の誘惑に負けてしまいかねない。基本に忠実に，自身の関心のあるテーマについての先行研究のレビューにじっくりと時間をかけるべきであろう。そうすれば，自ずと研究デザインの全体像が明瞭となり，理論的枠組み，仮説設定，分析手法，デー

タの入手先などが具体化していくはずである。

分析単位の選択

　先行研究のレビューをもとに仮説設定が終われば，次に分析単位を熟考する必要がある。具体的には，国ごとに集計されたマクロレベルのデータを用いるのか，個人を対象に収集されたミクロレベルのデータを用いるのかを検討しなければならない。同じ変数であったとしても，変数の水準次第でまったく異なることを示すからである。「加齢が進むほど〇〇になる」との仮説を設定したとして，それぞれの国の平均年齢なのか，それぞれの回答者の年齢なのかによって意味合いに大きなちがいがある。前者は国の人口構造を示すのに対して，後者は個人属性を示す。理論的検討が充分に実践されていれば，必要なデータの水準について即答できるはずである。もし迷うようであれば，もう一度仮説設定に立ち返り，自身が想定する分析単位を再検討してほしい。

データを探す

　国際比較研究を進めていくにあたり最も苦労するのは，自身の仮説検証に有用なデータを見つけることであろう。残念ながら近道はないので，先行研究を参考にしながら，データの所在にある程度目星をつけたうえで，適したデータを突き止めることになる。多くの国際機関や教育機関のウェブサイトに行けば，多様な形式のデータを無料でダウンロードできるようにもなってきた。また，さまざまな機関が実施した国際比較が可能な調査データを集約し公開するデータアーカイブからも，個人レベルのデータを中心に入手することができる。各機関によってデータの利用条件や利用方法は異なるので，それらを確認したうえで利用しよう。以下に，代表的なもののリストを挙げておく。

国レベルのデータ

Organisation for Economic Co-operation and Development（https://data.oecd.org/）
The World Bank（https://data.worldbank.org/）

World Health Organization（https://www.who.int/data）

International Monetary Fund（https://www.imf.org/en/Data）

International Labour Organization（https://ilostat.ilo.org/）

World Trade Organization（https://stats.wto.org/）

個人レベルのデータ

International Social Survey Programme（http://www.issp.org）

World Values Survey（https://www.worldvaluessurvey.org/）

Pew Global Attitudes Project（https://www.pewresearch.org/global/datasets/）

The Comparative Study of Electoral Systems（https://cses.org/）

Multinational Time Use Study（https://www.timeuse.org/mtus）

Luxembourg Income Study（https://www.lisdatacenter.org/）

European Social Survey（https://www.europeansocialsurvey.org/）

East Asian Social Survey（https://www.eassda.org/）

データアーカイブ

Integrated Public Use Microdata Series（https://www.ipums.org/）

Interuniversity Consortium for Political and Social Research（https://www.icpsr.umich.edu/）

GESIS Data Archive for the Social Sciences（https://www.gesis.org/）

3　研究事例の紹介

国レベルのデータのみを用いた研究

　国際比較研究で最も一般的なのは，国レベルの変数のみを用いたものであろう。関心のある変数についての平均値や比率などを国ごとに集計し，その値を記述的に比較することによって，それぞれの国の特性を描写する研究は数多くある。たとえば，平均労働時間，合計特殊出生率，人口当たりの医師数などを

比較し，それぞれの国の相対的な位置を確認したり，地域的，政策的な分類に用いたりすることが可能となる。主要な国レベルの指標は時系列データとして公開されていることが多く，それらの指標の推移を整理することによって，変遷をたどることができる。また，国レベルの変数を用いて単変量解析もしくは多変量解析することにより，より深みのある分析が可能となる。

　Moore（2016）では，53ヶ国の国レベルのデータを用いて，ソーシャルキャピタル論の概念を援用しつつ，デュルケムの『自殺論』（Durkheim 1897＝1985）を現代社会に当てはめて検証している。仮説は，①個人と集団の結びつきが弱体化した社会ほど自殺が起きやすい（自己本位的自殺），②個人と集団の結びつきが過度に強固な社会ほど自殺が起きやすい（集団本位的自殺），③社会秩序が崩れた社会ほど自殺が起きやすい（アノミー的自殺）の３つである。従属変数はWorld Health Organization（WHO）が公開する各国の自殺率，独立変数はUnited Nations Development Programme（UNDP）が毎年発行する「人間開発報告書」の2010年度版から各国の指標を抜粋して利用している。仮説①の個人と集団の結びつきが弱体化した社会は，周囲の人々が敬意をもって接してくれると感じる回答者の割合，目的をもって生活していると感じる回答者の割合，生活満足度の平均値，仮説②の個人と集団の結びつきが過度に強固な社会は，困ったときに助けてくれる人がいる回答者の割合，仮説③の社会秩序が崩れた社会は，夜中の独り歩きが安全だと感じる回答者の割合で操作化している。これらに加えて，人口密度，失業率，乳児死亡率などが統制変数として重回帰分析モデルに投入されている。

　このタイプの研究の課題として，サンプルサイズの小ささが挙げられる。分析単位が国レベルの場合，多くても数十ヶ国程度となるため，多変量解析に投入できる変数の数が限られてしまう。したがって，どの変数を投入するかによって結果が大きく左右される。変数の操作化が適切であったかどうか，特に留意してほしい。また，集計データで得られた結果を個人に当てはめて考えてしまう生態学的誤謬（Ecological fallacy）を犯しやすいので細心の注意が必要である。

個人レベルのデータのみを用いた研究

　社会調査の個票データの公開が進むにつれて，比較対象となる国の数が極端に少なくても国際比較研究が可能になってきた。別々の調査主体が実施した，もともと国際比較を目的としていなかった調査であったとしても，類似する変数があれば2ヶ国から比較分析が可能となる。多くの場合，欧米社会で蓄積されてきた知見が他の文化的背景をもつ国々にも当てはまるのかどうかを検証することを目的としている。同一の統計分析モデルを対象となる国別にパラメータ推定し，その結果を比較することが基本的な分析手法となる。

　Qian and Sayer（2016）では，East Asian Social Survey（EASS）2006の日韓中台の個票データを用いて，家事分担と性別役割分業意識が結婚満足度を規定するのかを検証している。近代化の過程において，公的領域とともに私的領域におけるジェンダー平等も広く支持されるようになった。これまでの西洋の研究では，不平等な家事分担は結婚満足度を低下させること，特にジェンダー平等イデオロギーを強く支持する女性ほど満足度の低下が顕著であることが指摘されてきた。この研究では，経済発展が急速に進む東アジアの国々においても同様の変動がみられるのかを追試している。25〜54歳の有配偶者を対象に，結婚満足度の規定要因を国別および男女別の重回帰分析モデルで比較検討している。

　このタイプの研究では，結果にちがいが生じたときの解釈が課題となる。A国で確認できた結果がB国で確認できなかった際に，2国間の文化的，社会文脈的，政策的ちがいに起因すると結論づけることが多いものの，直接的にそれを分析しているわけではない。また，個人レベルのデータで得られた結果を集団に当てはめて考えてしまう原子論的誤謬（Atomistic fallacy）を犯しやすい。ほとんどの国の個票データでは，収入の高い個人ほど幸福度が高いものの，経済力の高い国ほど幸福度が高いとは限らないことを明らかにしたEasterlin paradox（Easterlin 1974）は，その例である。

国レベルと個人レベルのデータを同時に用いた研究

　国レベルもしくは個人レベルどちらか一方のデータのみを用いた場合の課題に対処するために，近年では国レベルと個人レベルの変数の効果を同時に推定するマルチレベル分析が主流となってきている。同じ国から抽出された個人は，観察されないなんらかの類似性をもつことが多い。そのため，パラメータ推定の前提となるサンプルの独立性を逸脱してしまう。したがって，集団内の均質性を考慮したうえで，国レベルと個人レベルそれぞれの変数の影響を分離して分析する必要がある。たとえば，ある個人の健康度は，本人の年齢，収入，生活習慣といった個人特性に加えて，その国の経済状況，社会保障制度などの文脈に影響されているだろう。そのとき，どのような国レベルの要因（文脈効果）が健康度を左右するのか，その文脈効果は一様に個人に影響するのか，といったような検証が可能になる。

　Treas et al.（2011）では，28ヶ国の18〜65歳の有配偶女性を対象に，就業状況と幸福度の関係を検証している。女性にとって専業主婦になることとフルタイムでキャリアを追求することのどちらが幸せなのかという論争に発展することは少なくない。先行研究においても結果は一様ではない。この研究では，それぞれの国において女性がおかれている文脈によって，この関連性が異なるのではないかとの仮説のもとで分析している。具体的には，女性がワーク・ライフ・バランスを保ちやすい制度が進んでいる国においては，働きかたによる幸福度の差はなくなるのではないかと仮定している。就業状況と幸福度に加え，年齢や学歴，世帯収入などの個人レベルの変数は International Social Survey Programme（ISSP）2002 の公開データが利用されている。国レベルの変数は，World Bank, International Monetary Fund（IMF），International Labor Organization（ILO）の公開データから，各国の GDP，社会保障費用，女性就業率，積極的格差是正措置の有無，公的保育利用率が利用されている。

　このタイプの研究においても課題は残る。個人レベルのデータのみを用いた研究ではできなかった文化的，社会文脈的，政策的な国レベルの影響を推定しているものの，国レベルのデータのみを用いた研究における課題でもあるサン

プルサイズの小ささを克服できるわけではない。また，マルチレベル分析における研究関心の多くは，国レベルの文脈が個人の意識や行動にどのように影響するのかという視座に偏っており，個人レベルの意識や行動がどのように国レベルの特性に影響するのかといった分析が欠乏している。

　ここまでみてきたように，学部生や大学院生であっても，国際比較研究を行うにあたってのハードルがさまざまな要因によって下がってきている。しかしながら，容易に行えるようになったからこそ，地道に研究のプロセスを遵守する姿勢が重要である。知見の蓄積は科学的発展の土台となるものであり，政策決定をはじめとする社会生活に与える影響は計り知れないことを忘れてはならない。誤った結果を提示することは，個人のミスに留まらず社会的・国際的リスクになることを胸に刻み，謙虚に取り組んでほしい。

文献案内 📖

①本田由紀，2021，『「日本」ってどんな国？——国際比較データで社会が見えてくる』筑摩書房。

　　家族，ジェンダー，学校，友だち，経済・仕事，政治・社会運動の各社会領域において，日本の現状を数多くのデータで示している。本章の第1節において示した国際比較研究の意義の3つ目にあたる，日本の相対的な位置を明確にしつつ，今後のありかたについて検討している。

②ハンス・ロスリング／オーラ・ロスリング／アンナ・ロスリング・ロンランド（上杉周作，関美和訳），2021，『ファクトフルネス』日経BP社。

　　われわれの世界に対する認識と現実には大きなギャップがある。この本は，先入観や思い込みにとらわれずにデータを読み解くことの大切さを伝えている。国際比較分析をするうえでのデータの示しかたや解釈のしかたについて参考にしてほしい。

③卯月由佳，2022，「国際比較データ」『日本労働研究雑誌』741：65-69。

　　本章の第2節では，分析単位の選択について解説した。上記①②の書籍では，国ごとに集計されたマクロレベルのデータを用いているのに対して，この論文では，個人を対象としたミクロレベルの国際比較データの入手方法および研究事例が紹介されている。

注

(1) 世界における学校教育体系の多様性をうけて，国際連合教育科学文化機関
（United Nations Educational, Scientific and Cultural Organization：UNESCO）は，
多国間比較を可能にする指標として国際標準教育分類（International Standard
Classification of Education：ISCED）を策定している。詳細については，UNESCO
が発行する報告書を参照されたい。（http://uis.unesco.org/sites/default/files/docu
ments/international-standard-classification-of-education-isced-2011-en.pdf）

(2) 労働や職業に関する情報の統一した基準をもとに国際労働機関（International
Labor Organization：ILO）が策定したものである。詳細については，ILO の該当
サイトを参照されたい。（https://www.ilo.org/public/english/bureau/stat/isco/isco
08/index.htm）

文献

Behr, Dorothée, and Kuniaki Shishido, 2016, "The Translation of Measurement Instruments for Cross-Cultural Surveys," Christof Wolf, Dominique Joye, Tom W. Smith and Yang-Chih Fu eds., *The SAGE Handbook of Survey Methodology*, Sage, 269-287.

Durkheim, Emile, 1987, *Le Suicide: Étude de Sociologie*, Presses universitaires de France. （宮島喬訳，1985，『自殺論』中公文庫。）

Easterlin, Richard A., 1974, "Does Economic Growth Improve the Human Lot? Some Empirical Evidence," Paul A. David and Melvin W. Reder eds., *Nations and Households in Economic Growth: Essays in Honor of Moses Abramovitz*, Academic Press, 89-125.

Guilford, J. P. and H. G. Martin, 1943, *The Guilford-Martin Personnel Inventory I*, Sheridan Supply Co.

Heath, Anthony, Stephen Fisher and Shawna Smith, 2005, "The Globalization of Public Opinion Research," *Annual Review of Political Science*, 8(1)：297-333.

岩井紀子，2001，「日本版 General Social Surveys（JGSS）と家族測定項目——第 1 回予備調査データの検討」『家族社会学研究』12(2)：261-270。

Kerr, Norbert L., 1998, "HARKing：Hypothesizing After the Results are Known," *Personality and Social Psychology Review*, 2(3)：196-217.

Krosnick, Jon A., 1991, "Response Strategies for Coping With the Cognitive Demands of Attitude Measures in Surveys," *Applied Cognitive Psychology*, 5：213-236.

Kuha, Jouni and Irini Moustaki, 2015, "Nonequivalence of Measurement in Latent Variable Modeling of Multigroup Data : A Sensitivity Analysis," *Psychological Methods*, 20(4) : 523-536.

Medina, Tait R., Shawna N. Smith, and J. Scott Long, 2009, "Measurement Models Matter : Implicit Assumptions and Cross-National Research," *International Journal of Public Opinion Research*, 21(3) : 333-361.

Meredith, William, 1993, "Measurement Invariance, Factor Analysis and Factorial Invariance," *Psychometrica*, 58 : 525-543.

Moore, Matthew D., 2016, "Durkheim's Types of Suicide and Social Capital : A Cross-National Comparison of 53 Countries," *International Social Science Journal*, 66 : 151-161.

Qian, Yue, and Liana C. Sayer, 2016, "Division of Labor, Gender Ideology, and Marital Satisfaction in East Asia," *Journal of Marriage and Family*, 78(2) : 383-400.

Treas, Judith, Tanja van der Lippe, and Tsui-O. Chloe Tai, 2011, "The Happy Homemaker? Married Women's Well-Being in Cross-National Perspective," *Social forces*, 90(1) : 111-132.

おわりに

　社会学の「研究」とは，どのようなことをするのでしょうか。なかなか答えることが難しい問いですが，本書では，その「研究」を日々続けている11人の「研究者」による実例を示すという形で答えたいと考えました。まずは本書の中の１人か２人のしていることに目を通していただければ，「へえー，そんなことをするの」「むずかしそう」「したことがないけど面白そうかも」「できたらいいな」などと，心が少し動き出すでしょう。そうなることを願って，この本をつくりました。初めてのことは，どのようなことでも，どこから手をつけたらよいのかわかりません。そのようなとき，一番確実なやりかたは，先輩にあたる人の〈まね〉をすることです。読者のみなさんには，自分が選んだ「研究者」の〈まね〉からスタートしてもらえればと思います。

　初学者を念頭においてつくられた本書ですが，わたし自身，興味のあるテーマについて異なる研究方法で挑戦してみたいと思っても，つい二の足を踏んでしまうことは少なくありません。自分が初めてある研究法に挑戦するとすれば，どのようなことに戸惑うだろうか，どういうことを教えてもらえれば助かるだろうか，ということを考えながら担当章を書き，また他の章の原稿を読ませてもらいました。本書が，読者のみなさんの興味のあるテーマにそれぞれの研究法で積極的にアプローチし，研究を充実させていくための手助けになれば大変に嬉しいことです。

　本書は，いわゆる質的研究と量的研究といった垣根を超えて，自身の研究テーマに適した研究法を探ってもらえるように，基本的な研究法を紹介しています。とはいえもちろんすべてが提示されているわけではありません。たとえばインターネットの普及は，調査の方法や分析に大きな影響を及ぼしています。ネット上でのコミュニケーションやメッセージが及ぼす社会的影響の大きさを

考えると，そこで交わされているコミュニケーションの内容も重要な分析対象となります。さらに，研究者が実施した社会調査のデータを分析するだけでなく，企業などが把握し保有しているビックデータを用いる学術的研究の可能性についても近年活発に議論されています。残念ながら本書ではそれらについて詳しく提示されてはいません。ただ基本的な研究法については紹介されていますので，それらを踏まえて新たな研究法に挑戦してもらうことができるかと思います。本書の構成は便宜上3部構成になっていますが，そのような分類はあまり意識せず，自身の知りたいことを最もよく追究できるのはどの研究法なのかを探してもらえればと思います。

　ところで本書は，家族研究者が多く執筆しています。読者のみなさんも，本文中で挙げられる具体例が家族に関するものが多いなと気づいたかもしれません。本書で取り上げられている事例は確かに家族に関するものが多くなっていますが，教育や都市など異なるテーマであってもプロセスやコツを参考にするうえで支障はありません。

　本書をつくるにあたって，執筆者の先生方には，初めて研究に挑戦しようとする人が〈まね〉することができるよう，研究のプロセスを事例もふまえて具体的に提示してくださるようお願いしました。各自が実践している研究プロセスを提示する際には，「自分が手探りで獲得してきたノウハウを，適切な方法として紹介してしまってもよいのだろうか」という戸惑いもつきまといます。なかでも第Ⅱ部「文書資料を読む」で取り上げられているタイプの研究は，実践的な教科書を見つけるのが難しい研究法であり，それゆえに，プロセスとコツをわかりやすく言語化することはより難しかったのではと想像されます。執筆者の先生方にはご負担をおかけしましたが，おかげで本書には，ほかの社会学の教科書では学ぶことが難しい貴重なノウハウが含まれていると思います。

＊　　　＊　　　＊

　最後に，注文の多い執筆依頼をお引き受けいただいた先生方に心より御礼申し上げます。また当初執筆者の1人だった本多先生には，諸事情により途中か

ら編者に加わっていただき，ご負担をおかけしました。そして，本書の企画か
らサポートしてくださったミネルヴァ書房編集部の涌井格さんにはたびたびお
手数をおかけしてしまいました。辛抱強くご対応いただき誠にありがとうござ
いました。

中 西 泰 子

索　引

(＊は人名)

235

《執筆者紹介》（執筆順，＊は編著者）

＊松木洋人 （まつき・ひろと） はじめに，第1章

1978年　兵庫県生まれ
2005年　慶應義塾大学大学院社会学研究科後期博士課程単位取得退学，博士（社会学）
現　在　早稲田大学人間科学学術院教授
主　著　『子育て支援の社会学——社会化のジレンマと家族の変容』新泉社，2013年。
　　　　『子育て支援を労働として考える』（共編）勁草書房，2020年。

知念　渉 （ちねん・あゆむ） 第2章

1985年　沖縄県生まれ
2016年　大阪大学大学院人間科学研究科博士後期課程修了，博士（人間科学）
現　在　神田外語大学グローバル・リベラルアーツ学部准教授
主　著　『〈ヤンチャな子ら〉のエスノグラフィー——ヤンキーの生活世界を描き出す』青弓社，
　　　　2018年。
　　　　『現場で使える教育社会学——教職のための「教育格差」入門』（共著）ミネルヴァ書房，
　　　　2021年。

芦田裕介 （あしだ・ゆうすけ） 第3章

1984年　岡山県生まれ
2014年　京都大学大学院農学研究科博士後期課程修了，博士（農学）
現　在　神奈川大学人間科学部准教授
主　著　『農業機械の社会学——モノから考える農村社会の再編』昭和堂，2016年。
　　　　『サイレント・マジョリティとは誰か——フィールドから学ぶ地域社会学』（共著）ナカ
　　　　ニシヤ出版，2018年。

戸江哲理 （とえ・てつり） 第4章

1980年　大阪府生まれ
2009年　京都大学大学院文学研究科博士後期課程研究指導認定退学，博士（文学）
現　在　神戸女学院大学文学部准教授
主　著　『和みを紡ぐ——子育てひろばの会話分析』勁草書房，2018年。
　　　　『会話分析の広がり』（共編）ひつじ書房，2018年。

＊本多真隆 （ほんだ・まさたか） 第5章，第8章

1986年　東京都生まれ
2016年　慶應義塾大学大学院社会学研究科後期博士課程修了，博士（社会学）
現　在　立教大学社会学部准教授
主　著　『家族情緒の歴史社会学——「家」と「近代家族」のはざまを読む』晃洋書房，2018年。
　　　　「マルクス主義系恋愛論の地平——戦後初期における恋愛至上主義の超克」『三田社会
　　　　学』27，2022年。

野田　潤 (のだ・めぐみ) **第6章**

1979年　長崎県出身
2012年　東京大学大学院総合文化研究科博士課程単位取得満期退学，修士（学術）
現　在　東洋英和女学院大学人間科学部専任講師
主　著　『社会学講義』（共著）ちくま新書，2016年。
　　　　「『子どものため』という語りから見た家族の個人化の検討──離婚相談の分析を通じて（1914～2007）」『家族社会学研究』20(2)，2008年。

元橋利恵 (もとはし・りえ) **第7章**

1987年　大阪府生まれ
2019年　大阪大学大学院人間科学研究科博士後期課程修了，博士（人間科学）
現　在　大阪大学大学院人間科学研究科招へい研究員
主　著　『母性の抑圧と抵抗──ケアの倫理を通して考える戦略的母性主義』晃洋書房，2021年。
　　　　『フェミニズム・ジェンダー研究の挑戦──オルタナティブな社会の構想』（共著）松香堂書店，2022年。

＊中西泰子 (なかにし・やすこ) **第9章，おわりに**

　　　　東京都立大学大学院社会科学研究科博士課程単位取得退学，博士（社会学）
現　在　相模女子大学人間社会学部教授
主　著　『若者の介護意識──親子関係とジェンダー不均衡』勁草書房，2009年。
　　　　『健康格差の社会学──社会的決定因と帰結』（共著）ミネルヴァ書房，2022年。

田中慶子 (たなか・けいこ) **第10章**

1974年　千葉県生まれ
2007年　東京都立大学大学院社会科学研究科博士課程単位取得退学，修士（社会福祉学）
現　在　明治学院大学社会学部付属研究所研究員
主　著　「若年未婚『家族外生活者』にみる家族変動」『成城大学社会イノベーション研究』10(2)，2015年。
　　　　『入門　家族社会学』（共著）新泉社，2017年。

鈴木富美子 (すずき・ふみこ) **第11章**

　　　　静岡県生まれ
2003年　大阪大学大学院人間科学研究科博士後期課程修了，博士（人間科学）
現　在　京都女子大学データサイエンス学部教授
主　著　『夫婦の関係はどうかわっていくのか──パネルデータによる分析』（共著）ミネルヴァ書房，2022年。
　　　　「ダイアド・データによる夫婦関係の把握」（共著）『社会と調査』28，2022年。

佐々木尚之 (ささき・たかゆき) **第12章**

1977年　広島県生まれ
2008年　The University of Texas at Austin, Ph.D. in Human Development and Family Sciences
現　在　津田塾大学総合政策学部教授
主　著　『三世代の親子関係――マッチングデータによる実証研究』（共編）風間書房，2018年。
　　　　The Policies of Childcare and Early Childhood Education: Does Equal Access Matter?
　　　　（共著）Edward Elgar Publishing，2020年。

基礎からわかる社会学研究法
——具体例で学ぶ研究の進めかた——

2023年4月30日　初版第1刷発行　　　　　　　　〈検印省略〉

定価はカバーに
表示しています

編著者	松中本	木西多	洋泰真	人子隆
発行者	杉	田	啓	三
印刷者	坂	本	喜	杏

発行所　株式会社　ミネルヴァ書房

〒607-8494　京都市山科区日ノ岡堤谷町1
電話代表 075-581-5191
振替口座 01020-0-8076

現場で使える教育社会学　　　中村高康　編著　　本体二八〇〇円　A5判三五八頁

夫婦の関係はどうかわっていくのか　西野理子　編著　　本体二二六〇円　A5判三〇四頁

現代日本の家族社会学を問う　　藤崎宏孝　編著　　本体二八〇〇円　A5判三八〇頁
　　　　　　　　　　　　　　　池岡義宏

健康格差の社会学　　　　　　　片瀬一男ほか　編著　本体六〇〇〇円　A5判三一四頁

よくわかる家族社会学　　　　　西野理子　編著　　本体二四〇〇円　B5判一九六頁
　　　　　　　　　　　　　　　米村千代

ミネルヴァ書房

https://www.minervashobo.co.jp/